STÄDELI
CADUFF

UNTERRICHTEN

CHRISTOPH STÄDELI
CLAUDIO CADUFF

UNTERRICHTEN
EIN LEITFADEN FÜR DIE PRAXIS

Mit einem Vorwort von Martin Lehner

Kerngeschäft Unterricht, Band 1

● hep

Christoph Städeli, Claudio Caduff
Unterrichten
Ein Leitfaden für die Praxis
Mit einem Vorwort von Martin Lehner
Kerngeschäft Unterricht, Band 1
ISBN Print: 978-3-0355-2352-2
ISBN E-Book: 978-3-0355-2353-9

Die Reihe «Kerngeschäft Unterricht» erscheint in drei Bänden:
1 Unterrichten
2 Klassen führen
3 Prüfen

Der vorliegende Band basiert auf dem Werk «Kerngeschäft Unterricht – Ein Leitfaden für die Praxis» von Christoph Städeli und Willy Obrist, das von 2003 bis 2013 in der Reihe «hep praxis» erschienen ist.

Bibliografische Information der Deutschen Nationalbibliothek:
Die Deutsche Nationalbibliothek verzeichnet diese Publikation in der Deutschen Nationalbibliografie; detaillierte bibliografische Daten sind im Internet über http://dnb.dnb.de abrufbar.

2. Auflage 2023
Alle Rechte vorbehalten
© 2023 hep Verlag AG, Bern

hep-verlag.com

Zusatzmaterialien und -angebote zu diesem Buch:
http://mehr.hep-verlag.com/unterrichten

Inhalt

VORWORT ZUR REIHE «KERNGESCHÄFT UNTERRICHT»	7
VORWORT	8
LEHREN UND LERNEN – EINE EINFÜHRUNG	9
1 DIE AUSGANGSLAGE ANALYSIEREN	**12**
Rahmenbedingungen	12
Lernvoraussetzungen	13
Tipps für Lehrkräfte mit wenig Erfahrung	14
Instrumente – Anregungen zu den Zusatzmaterialien	15
2 KOMPETENZEN FESTLEGEN UND LERNZIELE FORMULIEREN	**18**
Die Bedeutung von Zielen	18
Zielebenen	18
Die Formulierung von Lernzielen	21
Lernziele und Kompetenzen	26
Instrumente – Anregungen zu den Zusatzmaterialien	29
3 INHALTE AUSWÄHLEN UND STRUKTURIEREN	**32**
Die Auswahl von Lerninhalten	32
Die didaktische Rekonstruktion	33
Anordnung der Lerninhalte	37
Instrumente – Anregungen zu den Zusatzmaterialien	40
4 UNTERRICHTSKONZEPTION WÄHLEN	**42**
Unterrichtskonzeptionen	42
Steuerung der Lernprozesse	43
Choreografien des unterrichtlichen Handelns	45
Fünf Phasen des Unterrichts – das AVIVA-Modell	47
Instrumente – Anregungen zu den Zusatzmaterialien	50
5 METHODEN WÄHLEN	**52**
Methodenlandkarte	52

Weitere Methodeninstrumente im Internet	54
Instrumente – Anregungen zu den Zusatzmaterialien	55

6 MEDIEN WÄHLEN UND DEREN EINSATZ PLANEN — 58

Wozu dienen Medien?	58
Unterrichtsmedien im Überblick	58
Text als Lernmedium	59
Medien als Mittel der Veranschaulichung	61
Instrumente – Anregungen zu den Zusatzmaterialien	64

7 ANEIGNUNGSPROZESSE ANREGEN UND BEGLEITEN — 66

Stellenwert des Vorwissens	66
Arbeitsaufträge	67
Unterstützung durch die Lehrkraft	71
Üben, Wiederholen und Festigen	72
Erfolgskontrollen	73
Instrumente – Anregungen zu den Zusatzmaterialien	76

8 LERNKONTROLLEN DURCHFÜHREN — 78

Lernkontrollen – eine Begriffsklärung	78
Gütekriterien – Anforderungen an gute Prüfungen	79
Prüfungsformen	80
Prüfungen vorbereiten	81
Prüfungen durchführen	85
Prüfungen auswerten	85
Die Selbstbeurteilung	87
Interdisziplinäre Projektarbeiten und andere erweiterte Prüfungsformen	88
Instrumente – Anregungen zu den Zusatzmaterialien	91

ANHANG — 94

Verzeichnis der Abbildungen	94
Verzeichnis der Tabellen	94
Literaturverzeichnis	95
Verzeichnis der Internet-Materialien	99
Register	101

DIE AUTOREN — 103

Vorwort zur Reihe «Kerngeschäft Unterricht»

Was ist eine gute Schule? Was ist guter Unterricht? Was braucht es, um eine gute Lehrperson zu sein? Was macht eine gute Prüfung aus?

Diese Fragen stellten und stellen sich an Bildung Interessierte und in Bildung Involvierte immer wieder. Seit Pestalozzis Maxime «Erziehung mit Kopf, Herz und Hand» haben im Bildungsbereich zahllose Paradigmenwechsel stattgefunden. Pädagoginnen und Pädagogen und selbsternannte «Bildungsgurus» haben Tausende von Büchern verfasst, Thesen aufgestellt und Untersuchungen durchgeführt. Es wurden Inhalte neu definiert, Lehrpläne reformiert, Lehrziele formuliert und taxonomiert, Kompetenzen gefordert, die Qualität evaluiert und gesichert. – Und es wurde administriert.

Bei so viel Betriebsamkeit geriet und gerät das Kerngeschäft fast in Vergessenheit: die Vor- und Nachbereitung und die Durchführung von Unterricht.

Die Reihe «Kerngeschäft Unterricht» setzt hier einen deutlichen Kontrapunkt. «Back to the roots» ist die Devise: Richten wir das Augenmerk wieder auf den eigentlichen Zweck der Schule – den real stattfindenden Unterricht!

Die Titel und Untertitel der einzelnen Werke geben klare und professionelle Antworten und zeigen auf, worum es geht:
– Band 1 UNTERRICHTEN – Ein Leitfaden für die Praxis
– Band 2 KLASSEN FÜHREN – Mit Freude, Struktur und Gelassenheit
– Band 3 PRÜFEN – Was es zu beachten gilt

Die Reihe richtet sich an angehende Lehrerinnen und Lehrer; die drei Werke sind aber auch Pflichtlektüre für «gestandene» Lehrkräfte, die sich auf der ewigen Suche nach einem «guten Unterricht» und einer «guten Schule» wieder «aufdatieren» – oder alte Pfade verlassen und neue Wege gehen wollen.

Für den Verlag
Peter Egger, ehem. Verleger und Präsident des Verwaltungsrates

Vorwort

Was ist guter Unterricht? Und woran erkennt man diesen? Unsere *scientific community* hat in den letzten Jahren unzählige Studien, Bücher, Tagungen hervorgebracht, welche diese beiden Fragen zu beantworten suchten. Offenbar ist der Wunsch unstillbar, die eine perfekte Lehr- und Lernmethode zu finden. Ich bin eher skeptisch, dass dies jemals gelingen wird. Überzeugt bin ich davon, dass es gar nicht erstrebenswert ist.

Unterricht kann man nämlich auf unterschiedliche Arten gut machen. Ob man eher den lerntheoretischen Ansatz der Instruktion oder jenen der Konstruktion verfolgt – im Spiegel der Lernendenaugen und der Atmosphäre im Schulzimmer lässt sich meist erkennen, ob Unterricht gelingt oder nicht. Vom Inhalt und vom didaktischen Geschick der Lehrperson gefesselte Lernende sind ein starkes Indiz dafür, dass der Unterricht erfolgreich ist. Gute Lehrkräfte schaffen es, die Lernenden und die Sache, um die es im Unterricht geht, miteinander in Beziehung zu bringen. Damit erfüllen sie ihre zentrale Aufgabe: dass sich Lernende mit einem Inhalt auseinandersetzen, diesen üben und ihn schließlich verstehen. So gesehen kann man im Zusammenhang mit Unterrichten auch von einem Handwerk sprechen.

Wer dieses erlernen möchte, findet im vorliegenden Buch wichtiges Basiswissen, einfach und praxisnah dargestellt. Profitieren werden Anfängerinnen und Anfänger, weil ihnen die Grundzüge einer Didaktik vermittelt werden, ohne die kein Unterricht gelingen kann. Auch für Fortgeschrittene und Profis lohnt sich die Lektüre. Sie werden zwar keine Antwort auf die ewige Frage nach dem perfekten Unterricht erhalten, dafür aber Anregungen, Tipps und konkrete Hinweise, um auf eine qualitativ gute Weise das zu machen, was sie (ohnehin) bereits tun: unterrichten.

Prof. Dr. Martin Lehner[1]

---

[1] Der Hochschuldidaktiker Martin Lehner leitet das Department «Entrepreneurship & Communications» an der Fachhochschule Technikum Wien und ist Leiter zahlreicher didaktischer Seminare und Workshops. 2022 ist von ihm «Mini-Aufgaben. Denkprozesse anregen und Neugier wecken» im Haupt Verlag erschienen.

Lehren und Lernen – eine Einführung

Lernen ist eine der wichtigsten Fähigkeiten des Menschen – es setzt ihn in ein ganz spezifisches Verhältnis zur Welt (vgl. dazu auch Caduff, Pfiffner & Bürgi 2018). Lernen ermöglicht uns, die Welt zu erschließen und mit ihr in Beziehung zu treten. Gleichzeitig ist es eine Notwendigkeit zur Menschwerdung, insbesondere in hochdifferenzierten Gesellschaften. Freiheit und Zwang sind somit beides Merkmale des Lernens.

Wir alle wissen sehr genau, wann wir etwas richtig gelernt haben. Dennoch ist uns der Vorgang des Lernens selbst oft nicht bewusst. «Unter allen menschlichen Leistungen scheint das Lernen seiner Natur nach zum Verborgensten und Unbekanntesten zu gehören», so Günther Buck (1967, S. 11). Es erstaunt deshalb nicht, dass es seit der Antike viele verschiedene Vorstellungen von Lernen gibt und der Begriff «Lernen» auch heute noch in der Wissenschaft kontrovers diskutiert wird. Allgemein kann festgehalten werden, dass Lernen mit Erfahrung zu tun hat, und wenn es bewusst erfolgt, ist es «ein bestimmt geartetes Tun des Lernenden mit dem Ziel […], etwas, was er noch nicht versteht und weiß, durch die Anleitung des Lehrers und die eigenen Bemühungen seines Lernens zu verstehen und zu wissen» (Koch 2015, S. 76). Lernen hat zudem immer mit einer Sache zu tun, ist in eine konkrete Beziehung eingebettet, vermittelt Herkunft und Zukunft, erfolgt spontan und in Reaktion auf bestehende Verhältnisse und richtet sich auf etwas, was noch nicht ist (Burchardt 2016). Zwei Merkmale des Lernens scheinen trotz der unterschiedlichen Theorien unbestritten: Es muss beobachtbar sein und ein dauerhaftes Ergebnis mit sich bringen.

Lernen ist aber auch ein spezifisch menschliches Kommunikationsverhalten (vgl. dazu Tomasello 1999). Nur Menschen wenden sich gemeinsam einer Sache zu. «Der Mensch […] macht seinen Nachkommen nicht nur vor, was die dann nachmachen. Sondern er hebt Sachverhalte hervor, die er dann mit ihnen teilt. Zeigendes Hervorheben ist Lehren» (Türcke 2016, S. 101). Mit zunehmendem Alter der Nachkommen reichen Eltern als Lehrerinnen und Lehrer nicht mehr aus; die jungen Menschen sind beim Lernen auf die Schule und deren Lehrerinnen und Lehrer angewiesen. Diese zeigen, machen vor, erklären und erzählen und bringen Aneignungsprozesse der Schülerinnen und Schüler in Gang, die es ihnen ermöglichen, etwas zu lernen. Diese Tätigkeiten – der Lehrenden wie der Lernenden – nennt man Unterricht.

Wie unterscheiden sich Expertenlehrkräfte von Novizinnen und Novizen, was ist in ihrem Unterricht anders? Expertenlehrkräfte stellen den Lernenden beispielsweise viel häufiger herausfordernde Aufgaben, bei denen sie das erworbene Wissen auf neue Situationen und Problemstellungen anwenden müssen. Novizinnen und

Novizen, als Nicht-Expertinnen und Experten, beschränken sich bei der Unterrichtsvorbereitung und -durchführung häufig auf Aufgaben, in denen die erarbeiteten Inhalte nur wiedergegeben werden müssen. Expertenlehrkräfte sind zudem in der Lage, das eigene Wissen in die Sprache der Schülerinnen und Schüler zu übertragen. Klaus Zierer fasst die Ergebnisse von John Hatties Unterrichtsforschung der letzten Jahre wie folgt zusammen: «Gefordert sind Lehrpersonen, die Unterricht nicht als einen Monolog sehen, sondern als einen Dialog, die immer und immer wieder im Schüler etwas suchen, wovon keiner etwas weiß und woran schon keiner mehr glaubt, die mit Leidenschaft und Kompetenz von ihrem Wissen, aber auch ihrem Leben erzählen können, die sich mit ihren Kolleginnen und Kollegen austauschen und zusammentun und die dem Schüler auf Augenhöhe begegnen, wohlwissend, dass sie ihn genauso brauchen wie er sie» (Zierer 2022, S. 23).

Genau dies ist das Anliegen des vorliegenden Buches. In acht Schritten – von der Analyse der Ausgangslage über die Auswahl der Ziele und Inhalte bis zu den Tipps für die Gestaltung der Lernkontrollen – führen wir Sie systematisch und praxisorientiert in Richtung professionelles Handeln. Der Band wurde ursprünglich für die berufliche Grundbildung in der Schweiz konzipiert – viele Beispiele stammen daher aus diesem Bereich. Die zugrundeliegenden Inhalte lassen sich aber auch gut auf andere Stufen und Bildungssysteme anwenden. Neben den Inhalten im Buch finden Sie online zu den einzelnen Kapiteln verschiedene Instrumente, die Ihr Handeln in der Praxis unterstützen und den Dialog mit den Schülerinnen und Schülern fördern (mehr.hep-verlag.com/unterrichten).

1
DIE AUSGANGSLAGE ANALYSIEREN

1 Die Ausgangslage analysieren

Am Anfang steht immer eine Analyse der Ausgangslage. Wir gehen zunächst auf die Rahmenbedingungen ein, die uns durch Schule und Gesellschaft vorgegeben sind. Der nächste Schritt führt uns zu den Lernvoraussetzungen. Lernvoraussetzungen einzuschätzen, gehört zu den wichtigsten Aufgaben jeder Lehrkraft. Zu einer Analyse der Ausgangslage gehört aber auch, dass man die eigenen Lehrvoraussetzungen kennt und sich die Frage stellt, wie weit man mit Lehrplan und Unterrichtsstufe vertraut ist. Eine Lehrkraft, die neu in einer bestimmten Stufe unterrichtet, wird sich andere Fragen stellen als eine, die das Metier kennt.

Rahmenbedingungen

Mit *Rahmenbedingungen* sind die äußeren Faktoren gemeint, welche die Vorbereitung und Durchführung des Unterrichts maßgeblich beeinflussen. Günstige Rahmenbedingungen sind eine wichtige Voraussetzung für einen guten Unterricht.

> **Lernort:** Größe und Lage der Schule, Art des Gebäudes, Raumausstattung, akustische, klimatische und optische Verhältnisse, Gruppenräume, Mediothek, Kantine, Turnhalle.
>
> **Lernmedien:** Digitale Medien (zum Beispiel BYOD), Lernplattform, Lehrmittel und Lernmedien.
>
> **Lernzeit:** Stundenplan und Fächerfolge, Einzellektionen, Blockunterricht, Anzahl Lektionen pro Schultag, Anzahl Dozierende oder Lehrkräfte pro Schultag und Klasse.
>
> **Lerngruppe:** Größe und Zusammensetzung, Art und Dauer der Sozialbeziehungen, Fach- oder Klassenlehrersystem.
>
> **Kollegium:** Anzahl der Lehrkräfte in der Schule, Zuteilung der Lehrkräfte in Fach- und Arbeitsgruppen, Verhältnis Schulleitung–Lehrerschaft.

Rahmenbedingungen werden durch Menschen geschaffen und können von Menschen auch wieder verändert werden.
- *Sofort veränderbare Faktoren:* Auf die Klasse bezogene Maßnahmen, wie Sitzordnung und Gestaltung des Klassenzimmers.
- *Mittelfristig veränderbare Faktoren:* Veränderungen, die die Schulleitungen und die Lehrkräfte in ihrer organisatorischen Flexibilität und methodisch-didaktischen Kreativität herausfordern (Stundenplangestaltung, Gruppenräume, äußere Differenzierung u. a.).
- *Langfristig veränderbare Faktoren:* Bei bildungs- und schulpolitischen Entscheidungen ist eine direkte Einflussnahme einzelner Lehrkräfte kaum möglich.

In jedem Fall können die Rahmenbedingungen im Unterricht in eine positive Richtung weiterentwickelt werden. Ein Beispiel dazu: Wenn eine Lehrkraft eine Klasse nur am Freitagnachmittag unterrichtet, braucht es nach unserer Erfahrung neben einer klaren Führung und einer sinnvollen Sequenzierung der Lerneinheiten auch immer wieder motivationsfördernde Elemente, die dazu beitragen, dass die Schülerinnen und Schüler die Lernzeit gezielt nutzen. Der Unterrichtsnachmittag könnte zum Beispiel mit einer Erkundung enden, in der die Lernenden nach vorgegebenen oder vereinbarten Regeln ein Thema außerhalb des Schulzimmers bearbeiten.

Lernvoraussetzungen

Im Verlauf der Unterrichtsplanung stehen die Lehrenden immer wieder vor der Frage, über welche Lernvoraussetzungen ihre Schülerinnen und Schüler verfügen. Die Entscheidung für bestimmte Lehrer- oder Schüleraktivitäten lässt sich erst treffen, wenn die gegebenen Voraussetzungen analysiert wurden (Maier 2012; Kiel, Haag, Keller-Schneider & Zierer 2014, S. 32 ff.; Hattie & Zierer 2019, S. 35–37). Fehlen die nötigen Lernvoraussetzungen, bleibt meistens auch der Unterrichtserfolg aus. Wichtige Lernvoraussetzungen betreffen die folgenden Bereiche:

- *Arbeitstechnik:* Über welche Lern- und Arbeitstechniken verfügen die Schülerinnen und Schüler? Welche Erfahrungen bringen sie aus der Primar- und Sekundarstufe I im Hinblick auf den Einsatz von erweiterten Lehr- und Lernformen mit? Wie selbstständig können sie lernen?
- *Sachstrukturen:* Auf welchem Wissen der Schülerinnen und Schüler kann ich meinen Unterricht aufbauen? Welche Begriffe müssen zu Beginn einer Einheit eingeführt werden, damit die Schülerinnen und Schüler anschließend selbstständig arbeiten können? Was könnten zentrale Fragen und Problemstellungen der Schülerinnen und Schüler sein?
- *Soziale Beziehungen, Gruppe:* Welches Verhältnis haben die Schüler und Schülerinnen untereinander? Welche Auswirkungen hat die Art der Interaktion auf das Arbeits- und Lernklima? Wie ist die Beziehung zur Lehrkraft?
- *Motivation und Emotionen:* Welche Haltung und welche persönlichen Einstellungen bringen die Schülerinnen und Schüler in den Unterricht ein? Sind sie bereit, sich auf den Unterricht einzulassen?
- *Kulturen und Sprachen:* Welche sprachliche und kulturelle Vielfalt zeichnet sich in meiner Klasse ab? Wie viele Schüler und Schülerinnen kommen aus einem anderen Kulturkreis? Wie können diese besser in den Unterricht integriert werden?
- *Individuelle Faktoren:* Gibt es Schüler oder Schülerinnen, die etwas Interessantes aus dem eigenen beruflichen oder privaten Umfeld einbringen können? Ist ein Schüler dauernd über- oder unterfordert?

Ist einmal die Analyse der Lernvoraussetzungen geleistet, so kann die Lehrkraft methodische Vorüberlegungen anstellen und die Unterrichtsvorbereitung planen. Dabei soll sie auch ihre eigenen Lehrvoraussetzungen berücksichtigen.

Tipps für Lehrkräfte mit wenig Erfahrung

Wie können Lehrkräfte vorgehen, die noch über wenig Erfahrung im Unterricht verfügen? Hierzu einige Empfehlungen:

- *Klassenbesuch bei einer erfahrenen Lehrkraft*
  Ein Unterrichtsbesuch vor Ort ermöglicht einen direkten Einblick in die Rahmenbedingungen und die individuellen Gegebenheiten.
- *Besprechen der Quartals- oder Semesterplanung mit der Kollegin oder dem Kollegen*
  Transparenz bei der Unterrichtsplanung verleiht Sicherheit und ermöglicht, das eigene Instrumentarium zu optimieren. Nur ca. 80 Prozent der Unterrichtszeit sollten fix geplant werden. Die übrige Zeit schafft Gestaltungsspielraum für individuelle Bedürfnisse und Unvorhergesehenes.
- *Absprachen mit anderen Lehrkräften über das Vorgehen bei Halbjahresbeginn*
  Ein gemeinsames Besprechen des Unterrichtsstarts verhindert Überschneidungen und ermöglicht einen guten Einstieg in das nächste Halbjahr.
- *Regelmäßige Gespräche mit der Schulleitung*
  Regelmäßige Gespräche mit der Schulleitung machen die jeweiligen Erwartungen transparent und stärken das gegenseitige Vertrauen.
- *Kollegiales Feedback*
  Das kollegiale Feedback fördert die Zusammenarbeit und ermöglicht, die eigene Konzeption eines guten Unterrichts weiterzuentwickeln.
- *Mentoring für Neueinsteigerinnen und -einsteiger*
  Mit einem Mentoring durch erfahrene Lehrerkolleginnen oder -kollegen werden Neueinsteigerinnen oder -einsteiger begleitet und betreut. Administrative und pädagogische Fragen lassen sich im persönlichen Gespräch besser klären.
- *Namen der Schülerinnen und Schüler sofort auswendig kennen*
  Ein Muss! Es gibt nichts Peinlicheres, als nach Wochen die Namen der eigenen Schülerinnen und Schüler noch nicht zu kennen.
- *Frühzeitige Planung eines Eltern- oder Ausbilderabends*
  Das frühzeitige Einbinden der Eltern oder Ausbildungspartnerinnen und -partner schafft Vertrauen und ist Teil der Öffentlichkeitsarbeit der Schule.

Auch wer seinen Unterricht sorgfältig plant, hat noch lange nicht die Gewähr, dass bei der Durchführung alles optimal verläuft. Die Kluft zwischen Planung und Vorbereitung einerseits und Realisierung andererseits kann beträchtlich sein. Erfahrene Lehrkräfte sind sich dieser Diskrepanz bewusst; Lehrkräfte, die eine neue Schulstufe unterrichten, sind häufig enttäuscht, wenn ihnen trotz gewissenhafter Analyse der Ausgangslage und des Lehrplans die Umsetzung misslingt. Unser Rat: Lassen Sie sich nicht beirren, die Ursachen können ganz unterschiedlicher Natur sein. Tauschen Sie sich mit Kollegen und Kolleginnen über das weitere Vorgehen aus. Und haben Sie den Mut, zu Beginn des Halbjahres mit neuen Ideen aufzuwarten.

Instrumente – Anregungen zu den Zusatzmaterialien

Die Zusatzmaterialien können über mehr.hep-verlag.com/unterrichten heruntergeladen werden.

1.1 Kollegiales Feedback durchführen

Das kollegiale Feedback gehört zum Kerngeschäft Unterricht. Wir zeigen, wie sich ein Team auf das kollegiale Feedback vorbereiten kann, wie der Unterricht protokolliert wird und wie Rückmeldungen zum Unterricht formuliert werden können.

1.2 Mentoring planen

Welche Begleitung erhalten Lehrkräfte, die neu an einer Schule unterrichten? Wir stellen ein Mentoringkonzept vor, in dem die Rahmenbedingungen und ein mögliches Vorgehen skizziert werden.

1.3 Sich Namen besser merken

Ein gutes Gedächtnis ist kein Geschenk, sondern Übungssache. Wir skizzieren Methoden, wie Sie sich die Namen der Schülerinnen und Schüler besser einprägen können.

1.4 Einen Informationsabend durchführen

Es ist heute selbstverständlich, dass die Lehrkräfte ihre Schule nach außen zu repräsentieren wissen. Für viele Lehrkräfte bietet die Durchführung eines Informationsabends eine gute Möglichkeit, mit Eltern und/oder Ausbilderinnen und Ausbildern ins Gespräch zu kommen. Wir zeigen, wie ein Treffen mit Eltern oder Ausbilderinnen und Ausbildern konkret vorbereitet und organisiert werden kann.

1.5 Erkundungen durchführen

Exkursionen und Projektwochen gehören heute zum methodischen Standardrepertoire – auch deshalb, weil auf einer Exkursion die Sinne auf vielfältige Weise angeregt werden, wie es im schulischen Alltag kaum möglich wäre. Exkursionen sind dennoch die schulische Ausnahme, da sie in der Regel bewilligungspflichtig sind, Mehrkosten und Aufwand verursachen und immer ein gewisses Risiko beinhalten. Unsere Checkliste trägt zu gelingenden Veranstaltungen bei.

1.6 Schülerrückmeldungen sammeln

Frühzeitig Schülerrückmeldungen einzuholen, ist die beste Voraussetzung, um den eigenen Unterricht zu reflektieren. Wir zeigen, wie Rückmeldungen der Lernenden gesammelt und ausgewertet werden können.

1.7 Positive Emotionen wahrnehmen können

Schülerinnen und Schüler sollen die Fähigkeit entwickeln, positive emotionale Erfahrungen im Unterricht und in der Schule zu erleben, zu antizipieren und aufzubauen. Das Erleben positiver Emotionen wirkt sich nachweislich positiv auf die geistige und körperliche Gesundheit aus, auf soziale Beziehungen und auf die Leistungsfähigkeit (Fredrickson, 2011). Sie finden hier einen Test, mit dem Sie das Verhältnis von positiven zu negativen Emotionen berechnen können. Bei einem Verhältnis von drei positiven Erlebnissen zu einer negativen emotionalen Erfahrung verändern sich das Denken, Leben und Handeln positiv.

1.8 Die Lehrkraft im Spannungsfeld zwischen Schul- und Unterrichtsentwicklung

In den letzten Jahren wurden in Deutschland, Österreich und der Schweiz zahlreiche Schulentwicklungsprojekte realisiert. Abläufe wurden optimiert und die internen Strukturen der Schulen verbessert. Glücklicherweise wenden sich heute viele Qualitätsverantwortliche vermehrt wieder dem Unterricht zu, unserem eigentlichen Kerngeschäft. – Wir geben hier vier Denkanstöße, wie das «Kerngeschäft Unterricht» noch stärker ins Zentrum gerückt werden kann und stellen ein dreidimensionales Modell der Lehrqualität vor.

2
KOMPETENZEN FESTLEGEN UND LERNZIELE FORMULIEREN

2 Kompetenzen festlegen und Lernziele formulieren

Wenden wir uns nun den Kompetenzen und Lernzielen zu. Wir zeigen, welche Bedeutung diesen im Unterricht zukommt. Es folgt die Beschreibung der verschiedenen Zielebenen. Anschließend zeigen wir auf, wie auf der Basis von Kompetenzen konkrete Lernziele für den Unterricht formuliert werden können. In diesem Zusammenhang behandeln wir auch die kognitive Taxonomie von Bloom und deren Erweiterung nach Anderson und Krathwohl. Auf der Grundlage dieses Klassifikationssystems können Lehrkräfte Ziele und Aufgaben auf unterschiedlichem Anspruchsniveau formulieren. Zum Schluss geht es um die Frage, wie die Lernziele mit den Kompetenzen in Verbindung gebracht werden können.

Die Bedeutung von Zielen

Guter Unterricht zeichnet sich unter anderem dadurch aus, dass klar formulierte Ziele angestrebt werden. Ziele beschreiben die Absichten der Lehrkraft beziehungsweise der Schülerinnen und Schüler. Lernziele sollen aufgestellt werden, wenn es darauf ankommt, dass sich die Lernenden bestimmte Inhalte und Kompetenzen aneignen. Lernziele sind Mittel zur Steuerung der aktuellen Lernaktivitäten; sie sind für die Lehrkraft «Führungsinstrumente» und dienen als Grundlage für die Evaluation des Lehrens und des Lernens. Mit ihrer Hilfe lässt sich das Qualitätsniveau des Unterrichts weitgehend bestimmen (Steiner 2007, S. 45–59).

Zielebenen

Ziele können auf verschiedenen Ebenen formuliert werden (→ Abbildung 1). Auf der obersten, ganz allgemeinen Ebene geht es um die Bildungs- oder Erziehungsziele beziehungsweise Bildungsstandards. Dann folgen die allgemeinen fachlichen und überfachlichen Kompetenzen. Auf der nächsten Ebene werden die konkret auf den Unterricht bezogenen Lernziele formuliert. Die Lehrkraft kann diese Lern*ziele* weiter in Lern*schritte* aufgliedern. Sie gibt auf diese Weise den Lernweg vor (man spricht dann auch von *Lehr*zielen), den die Schülerinnen und Schüler verfolgen sollen. Oder aber die Schülerinnen und Schüler planen ihre Arbeit selbst. In diesem Fall sprechen wir von Handlungszielen.

Im folgenden Abschnitt gehen wir genauer auf die unterschiedlichen Zielebenen ein und geben dazu verschiedene Beispiele.

```
        Bildungsziele/Bildungsstandards
                    ↓
        Fachliche und überfachliche Kompetenzen
                    ↓
                 Lernziele
     Lehrziele
     (Lehrkraft)
                        Handlungsziele
                        (Schülerin/Schüler)
                    ↓
                 Lernschritte
```

Abbildung 1: Zielebenen

Bildungsziele/Bildungsstandards

Die erste Ebene bezieht sich auf die *allgemeinen* Ziele. Diese umschreiben Schlüsselqualifikationen, die die Schülerinnen und Schüler in der Ausbildung erwerben sollen. Bildungsziele und -standards sind in den Lehrplänen zu finden.

Der pädagogische Auftrag der Lehrkraft besteht darin, Lernfelder und -situationen zu schaffen, die es den Lernenden ermöglichen, bestimmte Bildungsziele zu erreichen.

Beispiele
- Ausbildung als Grundlage für lebenslanges Lernen,
- Verantwortung für das eigene Lernen übernehmen,
- Gestaltung von Gegenwart und Zukunft in Selbstbestimmung, Mitbestimmung und Solidarität als Teil einer Gruppe und der Gesellschaft,
- sich korrekt und angemessen ausdrücken und andere verstehen,
- mit sprachlichen Mitteln die Welt erschließen sowie sprachgebundenes Denken entwickeln und systematisieren,
- Kooperations- und Konfliktfähigkeit.

Überfachliche und fachliche Kompetenzen

Auf der zweiten Ebene folgen die überfachlichen und fachlichen Kompetenzen. Überfachliche Kompetenzen sind allgemeine Fähigkeiten und Ressourcen, die die fachlichen Kompetenzen stützend umgeben. Fachliche Kompetenzen sind spezifische fachliche Fähigkeiten und Ressourcen. Diese werden in den Lehrplänen formuliert.

> **Beispiele**
> - *Überfachliche Kompetenzen:* reflexive Fähigkeiten; kritisch und differenziert denken; die eigenen Gedanken präzise und strukturiert formulieren; das Wesentliche einer Botschaft erfassen; Handlungsmotive in einem größeren Zusammenhang verstehen; die eigene Urteilsfähigkeit entwickeln; eine kritische Haltung zu einem Text und anderen medialen Erzeugnissen einnehmen.
> - *Fachliche Kompetenzen:* sich grammatikalisch korrekt, situationsgerecht und mit differenziertem Wortschatz in der Standardsprache ausdrücken.

Lernziele

An dritter Stelle werden die Lernziele für eine kürzere Unterrichtseinheit oder Lektion bestimmt. Ein Lernziel bezieht sich nur auf einen Gegenstand aus dem Lehrplan und gibt an, was die Schülerinnen und Schüler am Ende der Lektion oder Unterrichtseinheit beherrschen müssen. Ferner werden die Hilfsmittel aufgeführt und der Maßstab, an dem die erbrachte Leistung beurteilt wird. Lernziele setzen sich aus Lehr- und Handlungszielen zusammen. Von einem *Lehrziel* wird dann gesprochen, wenn das Ziel von der Lehrkraft, ihren Ratgebern oder Vorgesetzten formuliert wurde.

> **Beispiele für Lehrziele**
> - Die Lernenden können anhand eines konkreten Falls die fünf Kriterien nennen, die sie zur Wahrung des Berufsgeheimnisses bei der Weitergabe von Informationen berücksichtigen müssen.
> - Die Lernenden können einen fehlerfreien Kommentar zu einem aktuellen online veröffentlichten Medienartikel verfassen und online einsenden.

Von einem *Handlungsziel* spricht man dann, wenn die Schülerinnen und Schüler sich selbst Ziele gesetzt haben, die ihr Handeln im Unterrichtsprozess leiten (Jank & Meyer 2021). Dies kann beispielsweise im Rahmen eines Projektunterrichts geschehen, in dem die Schülerinnen und Schüler selbst Lernziele formulieren. Sie bringen ihre situationsabhängigen Bedürfnisse und Interessen zum Ausdruck und beziehen sich in der Regel auf ein Handlungsergebnis.

> **Beispiel für ein Handlungsziel**
> – Wir wollen die Zukunftsaussichten für das Friseurhandwerk in verschiedenen Betrieben anhand von Interviews untersuchen und daraus drei Schlussfolgerungen für die berufliche Weiterbildung ziehen.

Lernschritte

Die eigentliche Struktur des Unterrichts ergibt sich aus den Lernschritten. Sie legen fest, welchen Weg die Schülerinnen und Schüler einschlagen sollen, damit sie das Ziel auch erreichen. Alternativ setzen sich die Schülerinnen und Schüler eigene Ziele und planen ihre Arbeit selbstständig. Die einzelnen Schritte legen sie in ihrem Berichtsheft oder in ihrer Lerndokumentation fest.

> **Beispiele für Lernschritte im Hinblick auf ein Lehrziel**
> – die Entstehung des Lehrvertrages beschreiben,
> – die gesetzlichen Grundlagen und Vollzugsorgane im Zusammenhang mit dem Lehrvertrag aufzählen,
> – die Rechte und Pflichten der Auszubildenden anhand praktischer Beispiele benennen.

> **Beispiele für Lernschritte im Hinblick auf ein Handlungsziel**
> – mit dem Ausbilder ein Gespräch über den Lehrvertrag führen,
> – die Rechte und Pflichten der Auszubildenden im Lehrvertrag nachschlagen,
> – gewonnene Erkenntnisse im Berichtsheft oder in der Lerndokumentation festhalten.

Die Formulierung von Lernzielen

Lernziele können operationalisiert werden. Darunter ist die genaue Angabe des Endverhaltens zu verstehen, das die Schülerinnen und Schüler nach Durchlaufen des Unterrichts unter ganz bestimmten Bedingungen bei Beachtung eines spezifischen Gütemaßstabs zeigen sollen.

> **Beispiel**
> Die Lernenden *können* **anhand eines konkreten Falls** die fünf Kriterien aufzählen, die sie <u>aufgrund des Berufsgeheimnisses bei der Weitergabe von Informationen</u> berücksichtigen müssen.
> *Kursiv:* Endverhalten; **fett:** Hilfsmittel; <u>unterstrichen</u>: Gegenstand; grün: Maßstab.

Zur genauen Bezeichnung des Endverhaltens bedarf es eindeutiger Verben wie *nennen, beschreiben, erklären, verdeutlichen, aufzählen, planen, bewerten, entscheiden*, die keinen oder nur einen geringen Interpretationsspielraum zulassen (→ Instrument

2.1 im Internet). Die verlangte Leistung wird so formuliert, dass sie beobachtbar ist. Sie kann in Form eines beobachtbaren Verhaltens umschrieben sein, oder es wird auf ein konkretes Produkt hingearbeitet (schriftliche Arbeit, Mindmap, Plakat, Grafik u. a.).

Da die Operationalisierung von Lernzielen teilweise umstritten ist, gehen wir auf die Stärken und Schwächen dieses Konzepts ein:

Stärken der Operationalisierung	Schwächen der Operationalisierung
Wenn die anzustrebenden Ziele klar umschrieben sind, wird der Unterricht transparenter. Lehrende wissen, was sie zu lehren haben, Lernende, was sie zu lernen haben. Beide Seiten können diese Ziele bewusster ansteuern.	Ein Unterricht, der nach operationalisierten Lernzielen abläuft, ist produkt- und nicht prozessorientiert. In einem solchen Unterricht kommt es in erster Linie darauf an, die Ziele zu erreichen, und weniger auf die Beiträge der Lernenden.
Operationalisierte Lernziele geben das Anspruchsniveau vor und ermöglichen es der Lehrkraft, die Anforderungen gezielt zu variieren.	Die Lernziele sind von außen gesetzt; für Ziele, die sich die Lernenden selbst setzen, bleibt wenig Raum.
Sind die Ziele bekannt, lassen sich auch die Methoden diskutieren, planen, festlegen und verfolgen. Eine Methodendiskussion ist nur möglich, wenn man die Ziele kennt.	Lehrkräfte und Lernende werden stark eingeengt; sie sind auf die Ziele fixiert und denken lediglich darüber nach, wie sie diese erreichen können.
Eine Leistungsüberprüfung wird für Lehrkräfte und Lernende kalkulierbar.	Die Ziele werden zum Dreh- und Angelpunkt des Unterrichts, Inhalte und Lernprozess treten zurück. Wenn in einem Lehrplan viele Lernziele in einen verbindlichen Zeitplan gepresst werden, können Lehrende wie Lernende zu Sklaven des Konzepts werden. Sie hetzen von einem Ziel zum anderen, es fehlen Zeit und Lust, über die vorgeschriebenen Ziele hinauszudenken.

Tabelle 1: Stärken und Schwächen der Operationalisierung

Wichtig ist, dass bei der Formulierung des Lernziels nur auf ein Thema beziehungsweise auf einen Gegenstand Bezug genommen wird. Fremdwörter sollen möglichst vermieden werden. Es sind stets auch die Hilfsmittel und die Bedingungen anzugeben, unter denen die Lernleistung erbracht werden soll. Entsteht sie in Einzel-, Partner- oder Kleingruppenarbeit, in einer bestimmten Zeiteinheit, durch den Einsatz bestimmter Techniken? Soll sie an einem näher zu bezeichnenden Lernort gezeigt werden?

Schließlich müssen Beurteilungsmaßstäbe oder Kriterien genannt werden, denen die Lernleistung zu genügen hat. Dies können quantitative Angaben (zum Beispiel drei Merkmale) oder qualitative Kritierien sein, die auch für einen Laien verständlich sind.

Für den kognitven Bereich des Lernens haben Benjamin Bloom und seine Mitarbeiter Mitte der 1950er-Jahre ein Ordnungssystem entwickelt, das helfen sollte, bei der Vorbereitung und Durchführung des Unterrichts Lern- und Denkprozesse auf verschiedenen Ebenen zu berücksichtigen. Auf der ersten Ebene dieser *Taxonomie* sind eher anspruchslose Denkleistungen aufgeführt: Die Lernenden müssen sich an einen Sachverhalt erinnern und die gelernten Informationen wiedergeben. Auf den weiteren Stufen werden die Denk- und Lernleistungen immer komplexer; die Lernenden müssen beispielsweise eine eigene Analyse durchführen und eine persönliche Bewertung abgeben.

Taxonomie von Bloom

(K1) Kenntnisse – etwas auswendig können
Relevantes Wissen aus dem Gedächtnis abrufen

(K2) Verstehen
Bedeutung/Relevanz von Wissen erkennen und herstellen, indem zum Beispiel neues Wissen mit altem verknüpft wird

(K3) Anwenden – Gelerntes auf neue Situationen übertragen
Ein bestimmtes Verfahren in bestimmten Situationen ausführen/anwenden

(K4) Analyse
Gliederung eines Materials in seine konstituierenden Teile und Bestimmung ihrer Interaktion und/oder Relation zu einer übergeordneten Struktur

(K5) Synthese
Elemente zu einem neuen, kohärenten, funktionierenden Ganzen zusammenführen/reorganisieren

(K6) Bewertung
Urteile anhand von Kriterien und Standards fällen

Tabelle 2: Taxonomie von Bloom nach Anderson und Krathwohl (2001, S. 67 f.)

Auf Stufe I («Kenntnisse») wird als Denkleistung das Erinnern vorausgesetzt. Gelernte Informationen sollen wiedererkannt und unverändert reproduziert werden. Stufe II setzt sich aus «Verstehen» und «Anwenden» zusammen. Die Lernenden können eine erhaltene Information sinngemäß «abbilden» und die gelernte Struktur auf einen sprachlich neuartigen, strukturell gleichen Inhalt übertragen. Auf Stufe III («Analyse», «Synthese», «Bewertung») werden Sachverhalte umfassend bearbeitet.

Die Taxonomie von Bloom ist nach Gage und Berliner (1996) sowohl in logischer als auch empirischer Hinsicht unvollständig. Viele praktizierende Lehrkräfte empfinden sie trotzdem als hilfreich. Der Gewinn in der Praxis, so postulieren die Autoren, mache ihre theoretischen und empirischen Mängel wett. In Diskussionen unter Lehrkräften lassen sich die Positionen der Befürworter und jene der Kritiker wie folgt zusammenfassen (Becker 2011a):

Vorteile	Nachteile
Der Schwierigkeitsgrad einer Lernaufgabe lässt sich über dieses kategoriale System gut bestimmen. Nur so ist stichhaltig zu begründen, warum Arbeitsauftrag A anspruchsvoller ist als Auftrag B.	Lernleistungen werden ganzheitlich erbracht. Deshalb kann die kognitive Dimension nicht isoliert von den affektiven und sozio-emotionalen Bereichen betrachtet werden.
Für einen interessanten Unterricht muss bei der Planung die Überlegung einfließen, wo sich Frage- und Problemstellungen abzeichnen, die kognitiv anspruchsvoller sein könnten. Eine Aufgabenanalyse während der Planung hilft, Lernwiderstände einzuschätzen, Lernschwierigkeiten vorauszusehen und notwendige Lernhilfen einzukalkulieren.	Die Taxonomie von Bloom ist zu differenziert und deshalb praxisfern.
	Die einzelnen Ebenen lassen sich nicht scharf voneinander trennen. Lernleistungen auf einer anspruchsvollen Ebene bedingen aber nicht immer entsprechende Leistungen auf den unteren Ebenen.
Über die Taxonomie von Bloom lässt sich das kognitive Niveau des Unterrichts bewusst heben oder senken.	Lernziele lassen sich nur dann taxonomieren, wenn die Voraussetzungen der Lernenden berücksichtigt werden, denn was für kognitiv schwächere Lernende eine Verständnisleistung darstellt, ist für stärkere nur eine Kenntnisleistung.

Tabelle 3: Vor- und Nachteile der Taxonomie von Bloom

Die Kritik an Blooms Taxonomie veranlasste Lorin Anderson und David Krathwohl (2001) dazu, diese um vier Wissensdimensionen zu erweitern (→ Tabelle 4). Die Autoren legen damit den Fokus darauf, was die Lernenden bei ganz bestimmten Inhalten lernen sollen.

Die Wissens-dimension	DIE DIMENSIONEN DES KOGNITIVEN PROZESSES					
	1. Erinnern	2. Verstehen	3. Anwenden	4. Analysieren	5. Bewerten	6. (Er)-Schaffen
A. Faktenwissen						
B. Begriffliches Wissen						
C. Verfahrensorientiertes Wissen						
D. Metakognitives Wissen						

Tabelle 4: Revidierte Taxonomie von Bloom nach Anderson und Krathwohl (2001)

Die Dimensionen des kognitiven Prozesses entsprechen jenen der Bloom'schen Taxonomie. Die vier Wissensdimensionen umschreiben Anderson und Krathwohl (2001, S. 46) folgendermaßen:

- *Faktenwissen:* Basiswissen, um mit einer Fachdisziplin vertraut zu sein oder Probleme in dieser Disziplin lösen zu können.
  Untertypen: Kenntnis der Terminologie (zum Beispiel des technischen Vokabulars); Kenntnis spezifischer Details und Elemente (zum Beispiel Quellen verlässlicher Informationen).
- *Begriffliches Wissen:* Wissen über die Interrelationen der einzelnen Elemente des Basiswissens innerhalb eines größeren Zusammenhangs, die ein gemeinsames Funktionieren sichern.
  Untertypen: Kenntnisse der Klassifikationen und Kategorien (zum Beispiel der verschiedenen historischen Epochen); Kenntnisse der Prinzipien und Verallgemeinerungen (zum Beispiel Theoreme und Gesetze); Kenntnisse der Theorien, Modelle und Strukturen (zum Beispiel der Evolutionstheorie oder DNA-Struktur).
- *Verfahrensorientiertes Wissen:* Wissen darüber, wie man etwas tut; Wissen über Methoden des Nachforschens und über Kriterien zur Anwendung von Fähigkeiten, Algorithmen, Techniken und Methoden.
  Untertypen: Kenntnisse fachspezifischer Fähigkeiten und Algorithmen (zum Beispiel der verschiedenen Algorithmen zur Lösung einer quadratischen Gleichung); Kenntnisse fachspezifischer Techniken und Methoden (zum Beispiel der Technik einer Quellenanalyse); Kenntnisse der Kriterien zur Anwendung

bestimmter Verfahrensweisen (zum Beispiel welche Methode für die Lösung algebraischer Gleichungen zu benutzen ist).
- *Metakognitives Wissen:* Sowohl generelles Wissen über den Erkenntniszuwachs als auch das Bewusstsein für und das Wissen über den persönlichen Erkenntniszuwachs.
Untertypen: strategisches Wissen (zum Beispiel Kenntnis der allgemeinen Lern-, Denk- und Problemlösungsstrategien); Wissen über kognitive Aufgaben unter Einbeziehung des kontextuellen und bedingten Wissens (zum Beispiel des Wissens darum, dass Arbeitsstrategien wie Zusammenfassen oder Paraphrasieren zu einem tieferen Verständnis der Materie führen können); Wissen über die eigenen Stärken und Schwächen (eine Lernende weiß zum Beispiel, dass sie bei Prüfungen die Fragen oft nicht genau genug liest)

Tabelle 4 kann als Grundraster für die Formulierung von Lernzielen dienen. Deren Struktur bleibt immer die gleiche:
Die Lernenden + [Verb] + [Nomen].

Das Verb benennt den kognitiven Prozess, das Nomen gibt die Wissensdimension wieder. Ein Beispiel soll das erläutern:
Die Lernenden [beurteilen] [eine Zusammenfassung eines ihnen bekannten Texts].

In diesem Beispiel geht es um den kognitiven Prozess des Bewertens. Dafür muss man allerdings die Kriterien kennen (*Wissen*) und *verstehen*, außerdem muss die Fähigkeit zur *Analyse* vorhanden sein. Das Beispiel zeigt damit auch auf, dass die kognitiven Prozesse kumulativ sind, das heißt, höhere Prozesse sind nur möglich, wenn die tieferen Stufen bereits erreicht wurden. In Hinblick auf die Wissensdimensionen geht es in diesem Beispiel primär um begriffliches Wissen (sprich, was macht die Textsorte Zusammenfassung aus und welches sind ihre Herstellungskriterien).

Lernziele und Kompetenzen

Kompetenzen können nicht losgelöst von einem Inhalt oder Gegenstand gefördert werden, sondern nur ganzheitlich. Am besten in einer Situation, in der Kopf- und Handarbeit und somit ein integrierendes Begreifen, Beurteilen und Bewältigen von konkreten Situationen im Zentrum steht. Kompetenzen werden dann gefördert, wenn Probleme im Zentrum des Unterrichts stehen. Dafür garantieren Aufgaben der Komplexitätsstufen «Transfer», «Analyse», «Synthese», «Beurteilung» und prozessorientierte Formen wie Fallstudien, Einzel- und Gruppenprojekte. Im Unterricht müssen Kompetenzen gezielt aufgebaut und geschult werden. Unter den Instrumenten zu Kapitel 7 ist ein Modell aufgeführt, wie Lernstrategien und Kompetenzen gefördert werden können.

In den Bildungs- und Lehrplänen werden Kompetenzen unterschiedlich kategorisiert. Neben der aktuell üblichen Aufteilung in fachliche und überfachliche Kompetenzen findet man auch oft noch Unterteilungen in Fachkompetenz, Selbstkompetenz (zum Beispiel Anwendung von Strategien zum selbstständigen Lernen), Methodenkompetenz (Anwendung von spezifischen Methoden, wie zum Beispiel der Recherche) und Sozialkompetenz (Fähigkeit zur Zusammenarbeit), wobei diese Unterteilungen oft nicht trennscharf sind.

Wichtig für den Unterricht sind in diesem Zusammenhang vier Dinge:

1. Selbst-, Sozial- und Methodenkompetenzen werden immer in Zusammenhang mit Fachkompetenzen erlernt. Es gibt also keine Unterrichtssequenzen, in denen zum Beispiel lediglich Gruppenarbeit geübt wird.
2. Sind im Unterricht mehrere der oben genannten Kompetenzbereiche gleichzeitig betroffen (zum Beispiel Gruppenarbeit im Bereich der Sozialkompetenzen und kompetente Kundenberatung in einer Drogerie im Bereich der Fachkompetenz), so müssen für jede einzelne Kompetenz konkrete Lernziele formuliert und Lernschritte geplant werden, die es den Lernenden ermöglichen, diese Kompetenzen zu erwerben.
3. Werden im Unterricht mehrere Ziele gleichzeitig angestrebt, so führt das sehr schnell zur Überforderung der Lernenden, und es wird letztlich wenig gelernt. Daher sollte man darauf achten, dass die Lernenden genau über die Lernziele informiert sind (Lernzieltransparenz) und nicht zu viele Ziele gleichzeitig angestrebt werden.
4. Bei multiplen Zielen aus verschiedenen Kompetenzbereichen darf das Üben und Anwenden nicht zu kurz kommen. Besonders beim Einüben von Strategien und Methoden stellen sich Lernerfolge erst nach mehrmaligem Anwenden ein.

Da Kompetenzen in der Regel relativ allgemein formuliert sind, bedarf es für den Unterricht konkret formulierter Lernziele, mit deren Hilfe die Lernenden die entsprechenden Kompetenzen erwerben können. Dabei kann die erweiterte Bloom'sche Taxonomie von Anderson und Krathwohl wertvolle Dienste leisten. Folgendes Beispiel soll das illustrieren:

> **Beispiel**
> Laut Lehrplan sollen im Fach Sprache und Kommunikation folgende Kompetenzen ausgebildet werden:
> - mündliche Kommunikation nach dem sozialwissenschaftlichen Modell von Paul Watzlawick beschreiben,
> - Kommunikationsstrategien und -verhalten verstehen.
>
> Die Lehrkraft kann mithilfe der Taxonomietabelle bestimmen, für welche Bereiche sie Lernziele formulieren muss. Um Watzlawicks fünf Axiome der

mündlichen Kommunikation wirklich beschreiben sowie Kommunikationsstrategien und -verhalten verstehen zu können, müssen die Lernenden folgende Ziele anstreben (die folgenden Ausführungen orientieren sich an der revidierten Bloom'schen Taxonomie, → Tabelle 4, Seite 25):

- *Faktenwissen/Verstehen:* Die Lernenden erläutern die von Watzlawick verwendeten Fachbegriffe und veranschaulichen diese mit je zwei Beispielen (zum Beispiel symmetrische und komplementäre Kommunikation).
- *Begriffliches Wissen/Verstehen:* Die Lernenden beschreiben die fünf Axiome der Kommunikation.
- *Begriffliches Wissen/Analysieren:* Die Lernenden identifizieren die fünf Axiome der Kommunikation in konkreten Kommunikationssituationen (zum Beispiel in einem Filmausschnitt) und erkennen deren Zusammenhänge.
- *Begriffliches Wissen/Synthese:* Die Lernenden entwickeln aus den fünf Axiomen der Kommunikation eine Kommunikationsstrategie für ein Lohngespräch eines jungen Arbeitnehmers mit seiner Chefin.
- *Metakognitives Wissen/Verstehen:* Die Lernenden beschreiben ihr eigenes Kommunikationsverhalten in Konfliktsituationen sowohl in symmetrischen als auch komplementären Beziehungen.
- *Metakognitives Wissen/Bewerten:* Die Lernenden beurteilen ihr eigenes Kommunikationsverhalten in Konfliktsituationen sowohl in symmetrischen als auch komplementären Beziehungen und beziehen sich dabei auf die fünf Axiome der Kommunikation.
- *Metakognitives Wissen/Erschaffen:* Die Lernenden entwickeln ihr eigenes Kommunikationsverhalten in Konfliktsituationen sowohl in symmetrischen als auch komplementären Beziehungen.

In vielen Lehrplänen ist festgehalten, welche Kompetenzen im Unterricht ausgebildet werden sollen. Häufig zielt die Schulung der Kompetenzen auf ein Produkt hin, das im Rahmen einer Abschlussprüfung entstehen soll. Unter den → Instrumenten im Internet findet sich auch eine Liste mit erwünschten Kompetenzen, die im Verlauf der Ausbildung geschult werden können (→ Instrument 2.6). Wir haben zudem einen Fragebogen entwickelt, anhand dessen die Schülerinnen und Schüler selbst einschätzen können, welche Kompetenzen für das Schreiben einer Abschlussarbeit für sie von Bedeutung sind (→ Instrument 2.2).

Instrumente – Anregungen zu den Zusatzmaterialien

Die Zusatzmaterialien können über mehr.hep-verlag.com/unterrichten heruntergeladen werden.

2.1 Lernziele formulieren – Liste von möglichen Verben

Lernziele sollen sich auf ein mögliches Endverhalten beziehen. Es ist daher sinnvoll, bei der Formulierung von Lernzielen verschiedene Verben zu berücksichtigen. Wir haben dazu eine Liste nach den Komplexitätsstufen der Bloom'schen Taxonomie (K-Stufen) erstellt.

2.2 Fragebogen zu den Kompetenzen für das Schreiben einer Projektarbeit

Die Lernenden arbeiten selbstständig an einem Projekt: Welche Kompetenzen benötigen sie, damit sie die Arbeit zielgerichtet in Angriff nehmen können? – Wir schlagen dazu einen Fragebogen vor, den die Lehrkraft zu Beginn des Unterrichts einsetzen kann, um die Lernenden auf bestimmte Kompetenzen hinzuweisen, die im geplanten Projekt benötigt und entwickelt werden sollen. Dieses Instrument eignet sich aber auch zur methodischen Auswertung am Ende der Unterrichtseinheit.

2.3 Schülerinnen und Schüler führen eine Befragung durch

In vielen Projekten werden Befragungen durchgeführt (in Interviewform oder mithilfe von Fragebogen). Wir halten Tipps für Sie bereit, die bei der Vorbereitung, Durchführung und Nachbereitung einer Befragung hilfreich sein können.

2.4 Zusammenarbeit in Gruppen – Regeln vereinbaren

Sobald Schülerinnen und Schüler in Gruppen arbeiten, müssen Regeln vereinbart werden. Ein Fragebogen hilft dabei.

2.5 Handlungsziele formulieren

Die Schülerinnen und Schüler formulieren eigene Ziele, was vielen unserer Erfahrung nach nicht leichtfällt. Wir beschreiben eine einfache Methode, wie sie dazu angeregt werden können, Handlungsziele zu formulieren.

2.6 Kompetenzen für die Ausbildung festlegen

Im Verlauf der Ausbildung werden bestimmte Kompetenzen gezielt geschult. In einer Liste haben wir einige Kompetenzen zusammengestellt, die unserer Erfahrung nach im Unterricht häufig vorkommen.

3
INHALTE AUSWÄHLEN UND STRUKTURIEREN

3 Inhalte auswählen und strukturieren

Sie bereiten den Unterricht vor und wählen neue Themen und Unterrichtsgegenstände aus. Wie gehen Sie dabei vor? Wie begründen Sie Ihre Auswahl? Wie strukturieren Sie die Inhalte? Welche Möglichkeiten bestehen, den Unterricht fächerübergreifend zu gestalten? – Wir zeigen anhand des Modells der didaktischen Rekonstruktion auf, nach welchen Überlegungen Themen für den Unterricht ausgewählt und wie die Inhalte anschließend strukturiert werden können.

Die Auswahl von Lerninhalten

Auf die Frage, was in der Schule gelehrt und gelernt werden muss, lassen sich klare Antworten formulieren:
- Die Rahmenlehrpläne und Bildungsverordnungen geben verbindlich vor, welche Inhalte erarbeitet werden müssen. Damit ist die Frage nach der Auswahl der Lerninhalte für viele Lehrkräfte bereits beantwortet. Die Inhalte beziehen sich häufig auf die Struktur der entsprechenden Fachdisziplinen, die an den weiterführenden Schulen angeboten werden.
- Den Lernenden sollen auch Inhalte vermittelt werden, die sie in der derzeitigen und künftigen Berufssituation zu kompetentem Handeln befähigen und die die Aneignung bestimmter Kompetenzen ermöglichen.

Die Frage nach der Auswahl von Inhalten wird von der Didaktik unterschiedlich beantwortet. Für Wolfgang Klafki beispielsweise steht der Begriff der Bildung im Zentrum: «Eine solche zentrale Kategorie sei unbedingt notwendig, wenn die pädagogischen Bemühungen nicht in ein unverbundenes Nebeneinander von Einzelaktivitäten auseinanderfallen sollten» (Klafki 2007).

Bildung zielt dabei auf ein geschichtlich vermitteltes Bewusstsein von zentralen Problemen der Menschheit in Gegenwart und Zukunft ab, auf Einsicht in die Mitverantwortung aller und die Bereitschaft, an der Bewältigung dieser Probleme teilzunehmen.

Klafki bezieht seinen Bildungsbegriff inhaltlich auf epochentypische Schlüsselprobleme wie Friedens- oder Umweltfragen, Probleme der Entwicklungsländer, politische und gesellschaftliche Ungleichheiten sowie auf die Gefahren und Möglichkeiten der neuen technischen Steuerungs-, Informations- und Kommunikationsmedien.

Nach Klafki (2007) sind Lerninhalte und Ziele bedeutsam, wenn sie den Erwerb bestimmter Fähigkeiten ermöglichen, dazu gehören unter anderem die Fähigkeit
- zu Selbst- und Mitbestimmung,
- zu Kritik und Urteil,
- zum Handeln in Gruppen,
- zur Solidarität,

- eigene Interessen zu formulieren,
- sich in Diskussionen einzubringen,
- eine Situation aus der Sicht des Mitmenschen, des Partners oder des Kontrahenten erfassen zu können,
- sich auf neue Situationen und Anforderungen einzustellen,
- neue Lösungen zu finden,
- zur realen Utopie (erwünschte Zukunftsstrategien).

Die didaktische Rekonstruktion

In der Didaktik wird sehr oft der Begriff der «didaktischen Reduktion» verwendet. Damit ist die für die Lehr-Lern-Prozesse geeignete Vereinfachung beziehungsweise Verkürzung fachlicher Inhalte gemeint. Dieses Konzept betont unseres Erachtens zu einseitig den fachlichen Aspekt des Unterrichts. Das Modell der «didaktischen Rekonstruktion» (Kattmann, Duit, Gropengiesser & Komorek 1997) nimmt seinen Ausgang in dieser Kritik, denn es will auch die Perspektive der Lernenden miteinbeziehen.

Mithilfe des Modells der didaktischen Rekonstruktion sollen also sowohl die fachlichen Inhalte als auch die kognitiven und affektiven Voraussetzungen der Lernenden bei der Unterrichtsplanung berücksichtigt werden. Dabei muss die Sachstruktur des Fachs klar von der Inhaltsstruktur des Unterrichts unterschieden werden: Die fachliche Sachstruktur umfasst Begriffe, Konzepte und Prinzipien sowie Vorstellungen, Denk- und Arbeitsweisen des jeweiligen Fachs oder der aus dem Lehrplan gewählten Handlungskompetenz, während die Inhaltsstruktur des Unterrichts in der Regel vereinfacht und reduziert auf die elementaren Grundideen ist, die auch in Kontexte, die den Lernenden nahe stehen, eingebettet sein müssen (zum Beispiel Anwendung im Beruf und im Alltag). Die Planung der Inhaltsstruktur für den Unterricht hat zudem die vorunterrichtlichen Sichtweisen der Lernenden zu beachten.

Abbildung 2 zeigt, wie das Modell der didaktischen Rekonstruktion in der Unterrichtsplanung eingesetzt werden kann:

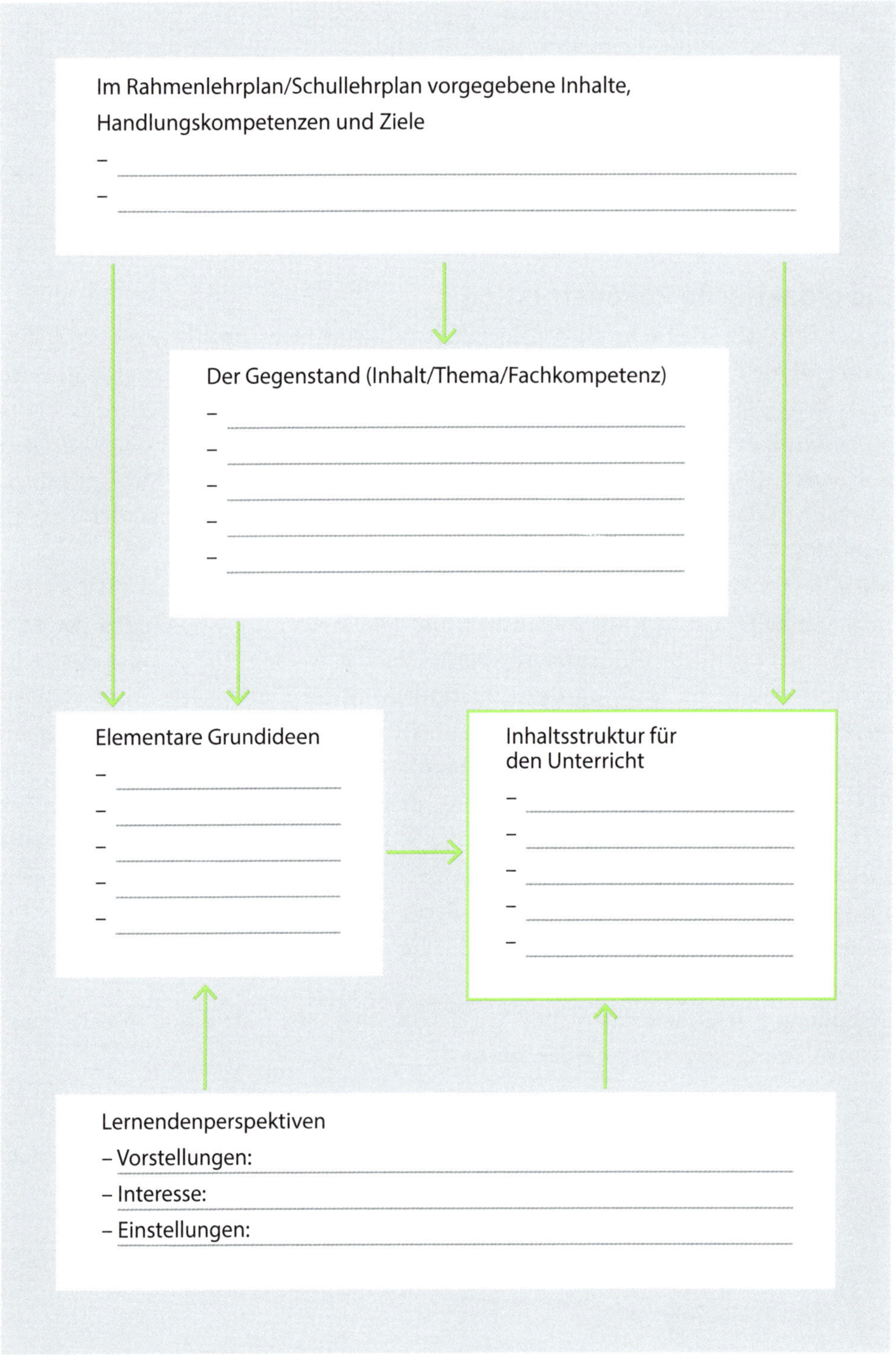

Inhalte auswählen und strukturieren

Im Rahmenlehrplan/Schullehrplan vorgegebene Inhalte, Handlungskompetenzen und Ziele
- _____
- _____

Der Gegenstand (Inhalt/Thema/Fachkompetenz)
- _____
- _____
- _____
- _____
- _____

Elementare Grundideen
- _____
- _____
- _____
- _____
- _____

Inhaltsstruktur für den Unterricht
- _____
- _____
- _____
- _____
- _____

Lernendenperspektiven
- Vorstellungen: _____
- Interesse: _____
- Einstellungen: _____

Abbildung 2: Didaktische Rekonstruktion (nach Duit 2004, S. 4)

Im Modell der didaktischen Rekonstruktion werden Fachgegenstände zunächst elementarisiert und anschließend unter Beachtung der Lernziele und der Voraussetzungen der Lernenden (wobei auch die sogenannten Fehlkonzepte einbezogen werden müssen) neu konstruiert. Es bildet somit eine gute Grundlage für die inhaltliche Unterrichtsplanung.

Elementare Grundideen

Der erste wichtige Schritt zur Festlegung der Inhaltsstruktur für den Unterricht ist die Bestimmung der elementaren Grundideen des jeweiligen Themas. Martin Lehner (2018) nennt diese in Anlehnung an Barbara Drollinger-Vetter (2011) *Verstehenselemente*. Diese Elemente müssen die Lernenden verstanden haben, um den Inhalt oder das Konzept als Ganzes erfassen zu können. «Die zu lernende fachliche Struktur ist so in einzelne Elemente aufzufalten, dass jedes dieser fachlichen Elemente aus der Sicht der Lernenden deutlich erkennbar wird; Verstehenselemente ‹docken› also an das Vorwissen der Lernenden ‹an›. Sie sind zum einen fachlich bestimmt, zum anderen sind aber der Auflösungsgrad und die Art der Formulierungen aus der Sicht des Verstehensprozesses gedacht» (Lehner 2018, S. 61).

Bei der Bestimmung der elementaren Grundideen müssen Lehrerinnen und Lehrer drei Perspektiven einnehmen:

1. Die Perspektive des *Lehrplans*: Welche Inhalte, Handlungskompetenzen und Ziele sind durch den Lehrplan verbindlich vorgegeben?
2. Die Perspektive des *Gegenstands* (Thema/Inhalt/Fachkompetenz): Wie wird der Gegenstand fachwissenschaftlich dargestellt? Welches sind die zentralen Begriffe und Konzepte des Gegenstandes? Wie sind diese miteinander verknüpft? Wie ist der Gegenstand innerhalb eines größeren Kontextes eingeordnet?
3. Die Perspektive der *Lernenden*: Welche Vorstellungen (Präkonzepte) haben die Lernenden von diesem Gegenstand? Welches Interesse haben die Lernenden an diesem Gegenstand? Welche Einstellungen haben die Lernenden zum Gegenstand?

> **Beispiel Demokratie**
>
> Der Lehrplan schreibt verbindlich vor, dass das Thema «Demokratie» im Unterricht behandelt wird. Allgemeines Ziel ist, dass die Lernenden die wesentlichen Merkmale der Demokratie kennen und verstehen.
>
> Aus fachwissenschaftlicher Sicht kann eine Abhandlung über Demokratie in folgende Kapitel aufgegliedert werden:
> – Entstehung der Demokratie
> – Geschichte der Demokratie
> – Die moderne Demokratie
> – Voraussetzungen und Bedingungen der modernen Demokratie
> – Strukturen und Probleme der modernen Demokratie
> – Chancen und Bedrohungen der modernen Demokratie im Zeitalter der Globalisierung

Es ist klar, dass für den Unterricht reduziert und fokussiert werden muss. Aufgrund der Vorgaben des Lehrplans stehen die Voraussetzungen und Bedingungen der modernen Demokratie im Vordergrund.

Alle Lernenden ab der Sekundarstufe I haben eine Vorstellung von Demokratie. Sie ist aber sehr oft auf das Stimmen und Wählen reduziert. Weit verbreitet unter den Lernenden sind auch folgende Fehlvorstellungen (Weißeno, Detjen, Juchler, Massing & Richter 2010, S. 63):

- Die Demokratie ermöglicht den Einzelnen Selbstbestimmung.
- Nur das Volk soll Herrschaft ausüben.
- Demokratisch gefällte Entscheidungen sind gerecht, weil die Mehrheit des Volkes so entschieden hat.
- Ziel der Demokratie ist die Einigkeit aller Beteiligten.

Unter Einbeziehung aller drei Perspektiven können folgende Verstehenselemente (Grundideen) für die Merkmale einer Demokratie bestimmt werden:

- *Volkssouveränität:* Das Volk gibt sich die Verfassung
- *Staatsbürgerliche Partizipation in der Demokratie:* Stimm- und Wahlrecht; Versammlungs- und Demonstrationsrecht; Vereinigungs- und Koalitionsrecht; Meinungs- und Informationsfreiheit; freie und unabhängige Medien
- *Gesellschaftlicher und politischer Pluralismus:* Verschiedene Interessen, unterschiedliche Lebensentwürfe; Anerkennung und Respektierung der Differenzen, Toleranz; Mehrparteiensystem, Verbände
- *Macht- und Herrschaftsbegrenzung:* Macht und Herrschaft, Machtmissbrauch; Gewaltenteilung, *checks and balances*
- *Rechtsstaatlichkeit:* Herrschaft des Rechts; Garantie der Freiheitsrechte (Grund- beziehungsweise Menschenrechte)

Inhaltsstruktur für den Unterricht

Nach der Bestimmung der Verstehenselemente (elementare Grundideen) müssen diese in die Inhaltsstruktur für den Unterricht gebracht werden. Dabei geht es darum, ausgehend von der Sachlogik die Lerninhalte anzuordnen. Als erstes werden folgende Fragen geklärt:

- Über welches Vorwissen müssen die Lernenden verfügen?
- Wie sind die zentralen Begriffe miteinander verknüpft? In welcher Reihenfolge sollen diese erarbeitet werden?
- Welches sind die zentralen Frage- und Problemstellungen der Lernenden?
- Welche passenden Beispiele oder Veranschaulichungen bieten sich an?
- Wie lässt sich ein Aktualitätsbezug herstellen?
- Wie und wo lassen sich aktuelle Materialien beschaffen?
- Entspricht die Sequenzierung des Inhalts dem Lernvermögen der Lernenden?
- Können Querverbindungen zu anderen Themen und Inhalten hergestellt werden?

Anordnung der Lerninhalte

Ausgehend von den oben aufgeführten Fragen zu den Lerninhalten legt die Lehrkraft fest, wie die Lerninhalte im Unterricht angeordnet werden sollen. Dabei sind zwei Vorgehensweisen möglich:

Prinzip 1: Vom Einfachen zum Komplexen (induktives Vorgehen)
Bei diesem Prinzip werden zuerst grundlegende und einfach verständliche Begriffe erarbeitet. «Einfach» zu verstehen sind Begriffe und Inhalte für die Lernenden, wenn sie einen Bezug zu ihrer privaten oder beruflichen Situation haben oder wenn die Begriffe bereits in einem anderen Zusammenhang erarbeitet wurden. Die Lehrkraft wird deshalb zuerst Beispiele aus der Erfahrungswelt der Lernenden oder ganz konkrete Fakten einbringen. Im weiteren Verlauf des Unterrichts werden dann die entsprechenden Probleme bearbeitet, kritisch hinterfragt und die Erkenntnisse werden auf neue Situationen übertragen (dazu auch → Seite 21, Abschnitt *Formulierung von Lernzielen*). Bei diesem Vorgehen werden den Lernenden die Puzzleteile einzeln vorgegeben, um dann nach und nach aus einzelnen Teilen ein vollständiges Bild zusammenzusetzen.

Prinzip 2: Vom Allgemeinen zum Besonderen (deduktives Vorgehen)
Die Schülerinnen und Schüler werden mit einem komplexen Problem konfrontiert, das für sie neu ist. Auf Neues reagieren viele Auszubildende positiv, wenn sie wissen, dass es sich um etwas handelt, das wichtig ist (Steiner 2007, S. 42). Die übergreifende Problemstellung wird dann in Gruppen oder gemeinsam im Klassenverband analysiert und in Teilprobleme aufgeschlüsselt, systematisch untersucht und bearbeitet. Bereits zu Beginn ist das vollständige Bild ersichtlich; die Schülerinnen und Schüler können von Anfang an jeden weiterführenden Schritt mit der übergreifenden Problemstellung verbinden. Zur methodischen Umsetzung dieses Prinzips eignen sich gut Formen wie Fallstudien, Projektlernen, oder Planspiele (→ Instrumente 5.2, 5.5, 5.7).

Ob ein Begriff für die Schülerinnen und Schüler einfach oder schwer zu erarbeiten ist, hängt von deren Lernvoraussetzungen ab (→ Seite 13). Bei Schülerinnen und Schülern, die bereits über ein profundes Wissen verfügen und sich viel zutrauen, wird das zweite Prinzip häufiger zur Anwendung kommen. Bei Lernenden, die über ein geringeres Vorwissen verfügen und weniger leistungsmotiviert sind, wird vielfach das erste Prinzip eingesetzt, da sich so bei ihnen rascher Lernerfolge einstellen und sie sich an einem roten Faden, einer klaren Struktur orientieren können (vgl. auch Städeli, Pfiffner, Sterel & Caduff 2019, S. 59–74).

Bei der Strukturierung der Inhalte spielt es eine nicht geringe Rolle, ob die Lehrkraft mit einem Lehrmittel beziehungsweise Lernmedium arbeitet oder ob sie für jedes Thema von ihr selbst erarbeitete Arbeits- und Merkblätter verwendet.

Das Arbeiten mit *Lehrmitteln* beziehungsweise *Lernmedien* bringt viele Vorteile:
- Die Themen sind bereits so aufgearbeitet, dass sich die Lehrkraft an dieser Struktur orientieren kann.
- Meistens finden sich im Lehrmittel bzw. Lernmedium auch ansprechende Aufgabenstellungen, die direkt eingesetzt werden können.
- Das Arbeiten mit Lehrmitteln bzw. Lernmedien vermittelt insbesondere Lehrkräften, die über noch wenig Erfahrung verfügen, eine gewisse Grundsicherheit.

Ihr Einsatz kann die Lehrkraft jedoch nicht davon befreien, sich die Inhaltsstruktur vor dem Unterricht genau zu überlegen und weitere Quellen wie aktuelle Fachzeitschriften und Gesetzestexte für die Unterrichtsvorbereitung und -gestaltung hinzuzuziehen. Auch für den Unterrichtseinstieg, Beispiele und Veranschaulichungen sowie für die Herstellung des Aktualitätsbezugs reichen die Lehrmittel nicht aus; hier ist die Lehrkraft gefordert.

> **Was neu ist, interessiert!**
> Was neu oder irgendwie speziell ist, zieht die Aufmerksamkeit der Schülerinnen und Schüler auf sich und wirkt sich positiv auf deren Lernmotivation aus (vgl. Steiner 2007, S. 41 f.):
> - *Aktualität* = Anknüpfen an ein aktuelles Ereignis wie z. B. Börsencrash, Wahlen, Sparmaßnahmen, neuer Tarifvertrag, neue Abgasnormen infolge Klimaerwärmung usw.
> - *Betroffenheit* = Inhalte, von denen die Lernenden direkt betroffen sind, wie Stellenbewerbung, Autounfall, Schwangerschaft, Konflikte im Betrieb u. a.
> - *Attraktive Unterrichtsmedien* = eine aktuelle Videosequenz zu einem Sachthema, eine konkrete Veranschaulichung durch einen interessanten Gegenstand aus der Werkstatt, Fotos aus dem Alltag der Lernenden u. Ä.
> - *Abwechslung* = Stoff in relativ kleine Portionen unterteilen, nicht zu lange das gleiche Thema bearbeiten.
> - *Überraschung und Staunen* = etwas Unerwartetes einbringen.

An dieser Stelle entscheidet die Lehrkraft, ob es sinnvoll ist, den Unterricht fächerübergreifend zu organisieren. Dabei sind Methoden wichtig, die die Schülerinnen und Schüler in den Unterricht aktiv einbeziehen. Die Gestaltung eines fächerübergreifenden und interdisziplinären Unterrichts lässt sich ganz unterschiedlich angehen (zum Begriff «Interdisziplinarität» vgl. Caduff 2018, S. 5–8):

- Das *intradisziplinäre* Lernen findet innerhalb eines bestimmten Faches oder Lernbereichs statt. Die Lehrkraft öffnet die eigenen Fachgrenzen und regt dazu an, einen Gegenstand oder ein Phänomen mit dem Wissen aus anderen Bereichen genauer zu untersuchen. Eine fächerübergreifende Kooperation ist hier nicht unbedingt notwendig.
- Beim *multidisziplinären* Ansatz wird der gleiche Gegenstand aus verschiedenen Blickwinkeln untersucht und dargestellt. Die Schülerinnen und Schüler erfahren dabei, wie ein Problem mit unterschiedlichen Methoden bearbeitet werden kann. Der methodische oder inhaltliche Zugang kann fächerübergreifend, verknüpfend oder ergänzend sein. Alle beteiligten Lehrkräfte koordinieren ihre Aktivitäten. Der Stundenplan muss nicht notwendigerweise geändert werden. Wichtig ist, dass Kollegen aus verschiedenen Fachrichtungen gemeinsam ein Thema auswählen und es gleichzeitig oder nacheinander behandeln. Teamarbeit ist vor allem bei der Vorbereitung notwendig. Es ist durchaus möglich und sinnvoll, dass ein gemeinsames Produkt entstcht.
- Beim *interdisziplinären* Ansatz wird ein Thema oder ein Problem von den Schülerinnen oder Schülern ausgewählt oder von der Lehrkraft in den Unterricht eingebracht. Dieser Ansatz erlaubt es, eine Frage ins Zentrum zu rücken und die entsprechenden Disziplinen in ihren Dienst zu stellen. Bei diesem Ansatz wird meistens projektorientiert gearbeitet (→ Instrument 5.5). Die Schülerinnen und Schüler übernehmen weitgehend die Verantwortung für das eigene Lernen. Die Lehrkräfte begleiten und beraten die einzelnen Gruppen und bieten gezielt Hilfe an. Beim interdisziplinären Lernen stellen die Lehrkräfte in der Regel ein Zeitfenster von mehreren Wochen zur Verfügung, es sei denn, das Problem wird im Rahmen einer Projektwoche konzentriert bearbeitet.

Instrumente – Anregungen zu den Zusatzmaterialien
Die Zusatzmaterialien können über mehr.hep-verlag.com/unterrichten heruntergeladen werden.

3.1 Von den Zielen, der Sache und den Perspektiven der Lernenden zur Inhaltsstruktur für den Unterricht
Mit dieser Vorlage können Sie Ihre inhaltliche Vorbereitung gliedern und so die Inhaltsstruktur für den Unterricht leichter festlegen.

3.2 Zusammenarbeit mit Kolleginnen und Kollegen
Viele Lehrkräfte schrecken vor der Teamarbeit zurück, weil sie Mehraufwand befürchten. In der Tat sollte Teamarbeit gut vorbereitet werden, damit sie möglichst effizient ist. Wir zeigen in wenigen Schritten auf, wie die Zusammenarbeit im Kollegium am besten organisiert werden kann.

4
UNTERRICHTS-KONZEPTION WÄHLEN

4 Unterrichtskonzeption wählen

Im folgenden Kapitel geht es zuerst um Unterrichtskonzeptionen – Vorstellungen, wie ein guter Unterricht gestaltet werden kann. Dann gehen wir der Frage nach, welche Bedeutungen Instruktion (Lehrendenperspektive) und Konstruktion (Lernendenperspektive) besitzen, bevor wir ein Unterrichtsmodell – AVIVA – vorstellen.

Unterrichtskonzeptionen

Unterrichtskonzeptionen fassen die Vorstellungen darüber zusammen, was guter Unterricht sein soll. Sie liefern also Orientierungen für das methodische Handeln im Unterricht.

Diese Vorstellungen sind allerdings einem steten Wandel unterworfen, nicht zuletzt, weil sich auch die gesellschaftlichen Wert- und Erziehungsvorstellungen laufend ändern. Insofern haben neue Unterrichtskonzeptionen zuweilen auch den Charakter einer «Modeerscheinung». Kein Wunder also, wenn Lehrkräfte, die bereits viele Jahre lang unterrichten, sich durch ständige Neuerungen nicht selten unter Druck gesetzt fühlen. Wer sich vor Jahren auf ein Unterrichtskonzept eingeschworen und viel Zeit und Energie aufgewendet hat, um es in der Praxis umzusetzen, der wird *sein* Konzept meistens «mit Haut und Haaren» verteidigen (vgl. Jank & Meyer 2021).

Drei Unterrichtskonzeptionen im Überblick

Welche Unterrichtskonzeptionen werden aktuell diskutiert? Dazu eine Übersicht:

Lernzielorientierter Unterricht, Direct Instruction, Frontalunterricht

Das Lernen der Schülerinnen und Schüler wird entscheidend von der Lehrkraft gesteuert. Sie gibt die Ziele vor, gliedert den Unterrichtsstoff in überschaubare Einheiten, vermittelt das notwendige Wissen, stellt Fragen unterschiedlicher Schwierigkeitsgrade, sodass der antwortende Schüler die richtige Lösung mit großer Wahrscheinlichkeit finden kann. Die Lehrkraft steuert ferner die Aneignungsprozesse der Lernenden. Sie formuliert entsprechende Aufgaben und Aufträge; sie kontrolliert die Ergebnisse und gibt Rückmeldungen; sie stellt das Übungsmaterial zur Verfügung. Die Lehrkraft teilt die Klasse in Gruppen ein und kontrolliert kontinuierlich die Lernfortschritte der Schülerinnen und Schüler. Das Ziel dieser Konzeption besteht darin, die Unterrichtsabläufe möglichst transparent und planbar zu machen. Eine Lernzielformulierung wird dann als gelungen bezeichnet, wenn sie sich auf eine beobachtbare Verhaltensänderung der Schüler und Schülerinnen bezieht.

Handlungsorientierter Unterricht
Der handlungsorientierte Unterricht ist «ein ganzheitlicher und schüleraktiver Unterricht, in dem die zwischen dem Lehrer oder der Lehrerin und den Schülerinnen und Schülern vereinbarten Handlungsprodukte die Gestaltung des Unterrichtsprozesses leiten, sodass Kopf- und Handarbeit der Schülerinnen und Schüler in ein ausgewogenes Verhältnis zueinander gebracht werden können» (Jank & Meyer 2021, S. 354). *Kompetenzen erwerben* und verschiedene *Kompetenzen fördern:* Das sind die zentralen Anliegen dieser Konzeption. Wichtige Prinzipien sind zudem die Ganzheitlichkeit, die Selbstständigkeit, das Herstellen von Handlungsprodukten, das Einbeziehen der Schülerinteressen, die gemeinsame Planung, Durchführung und Auswertung des Unterrichts und die Öffnung der Schule nach innen und nach außen. Die Öffnung nach innen bringt es mit sich, dass fächerübergreifend unterrichtet und auf die individuellen Lernwege der einzelnen Schüler und Schülerinnen eingegangen wird (vgl. Jank & Meyer 2021). Der handlungsorientierte Unterricht hat viele Gemeinsamkeiten mit dem problemlösenden und erfahrungsbezogenen Unterricht, dem Projektlernen und dem entdeckenden Lernen.

E-Learning
Heute werden digitale Medien – Computer, Tablet, Smartphone, Internet – von Jungen wie Alten täglich genutzt. Auch im Bildungsbereich haben die digitalen Medien Einzug gehalten (Zierer 2020; Pfiffner, Sterel & Hassler, 2021). Dank ihnen kann orts- und zeitunabhängig, selbstorganisiert und kooperativ gelernt werden. Der Einsatz von E-Learning-Tools eröffnet den Schülerinnen und Schülern neue Formen des Lernens (vgl. z. B. Arnold, Kilian, Thillosen & Zimmer 2018). So können sie beispielsweise auf einer Lernplattform ihre Arbeiten selbstständig publizieren, sich in ein Diskussionsforum einloggen oder mithilfe Suchmaschinen verschiedene Informationen zu bestimmten Fragestellungen sammeln. Die Lehrkraft organisiert den Einsatz und begleitet die Schülerinnen und Schüler. Begründungen für diese Konzeption beziehen sich vor allem auf sein Potenzial, das selbstgesteuerte und problemorientierte Lernen zu unterstützen.
Allerdings lassen sich E-Learning-Tools nicht einfach so im Unterricht einsetzen, denn es «besteht noch immer ein erheblicher didaktischer, organisatorischer und technischer Gestaltungsbedarf für erfolgreiche und effiziente Lehr- und Lernprozesse mit E-Learning. Denn oberstes Ziel jeder Nutzungsform von E-Learning, die es durch seine Gestaltung zu erreichen gilt, ist die Unterstützung aktueller ganzheitlicher und qualitativ hochwertiger Bildungsprozesse» (ebd., S. 9).

Steuerung der Lernprozesse
Seit Jahrzehnten wird darüber diskutiert und gestritten, wie sehr die Lehrkraft die Lernprozesse der Schülerinnen und Schüler steuern beziehungsweise inwieweit die Lernenden ihre Lernprozesse selbstständig gestalten sollen. Die beiden

unterschiedlichen Positionen der Konstruktion auf der einen und der Instruktion auf der anderen Seite werden nachfolgend knapp dargestellt.

Primat der Instruktion
Viele Schülerinnen und Schüler machen nach wie vor die Erfahrung, dass Lernen und Lehren in einer Umgebung stattfindet, in der die Lehrkraft den aktiven Part übernimmt und die Lernenden den passiven Part übernehmen (Reinmann-Rothmeier & Mandl 2006). Typisch für diese Art von Unterricht sind systematisches, schrittweises Vorgehen, Frontalunterricht, strenge Fächergrenzen und strikte Lernerfolgskontrollen, die am Ende einer Unterrichtseinheit durchgeführt werden. Diese Konzeption basiert auf der grundlegenden Auffassung, dass Lernen ein gesetzmäßiger Prozess der Informationsverarbeitung ist, der sich eindeutig beschreiben und demzufolge auch steuern lässt. Das Lehr-Lern-Geschehen wird als ein Prozess verstanden, bei dem die Lehrenden objektive Inhalte so zu vermitteln versuchen, dass die Lernenden schließlich einen ähnlichen Wissensstand zum behandelten Thema erreichen wie die Lehrkraft. Der Primat liegt klar bei der Instruktion. Die Lehrkraft übernimmt die Rolle des *didactic leader:* Ihre Rolle ist es, Wissensinhalte zu präsentieren und zu erklären, die Lernenden anzuleiten und ihre Lernfortschritte sicherzustellen. Die Lernenden dagegen verbleiben in einer eher passiven Position, da ihnen die zu lernenden Inhalte ja möglichst optimal vorgegeben werden. Unter diesen Bedingungen ist Lernen ein weitgehend rezeptiver Prozess (Reinmann-Rothmeier & Mandl 2006). Es besteht damit vor allem aus Reproduktion und Reorganisation (Hattie & Zierer 2019).

Der Primat der Konstruktion
Bei den konstruktivistischen Ansätzen tritt das Lehren zugunsten des Lernens in den Hintergrund. Wie Wissen *vermittelt* wird, interessiert weniger, als wie Wissen *konstruiert* wird und in welcher Verbindung das Wissen zum Handeln steht. Der oder die Lernende übernimmt die aktive Rolle. Die Lehrkraft hat dabei die Aufgabe, Problemsituationen und Werkzeuge zur Bearbeitung zur Verfügung zu stellen und bei Bedarf auf die Bedürfnisse der Lernenden zu reagieren. Typisch für diese Form des Lernens ist das Arbeiten mit Übungswerkstätten, Fallstudien und der projektorientierte Unterricht. Für die Gestaltung dieser Lernumgebungen sind folgende Grundannahmen von Bedeutung:
- Die Schülerinnen und Schüler konstruieren ihr Wissen selbst, indem sie Informationen wahrnehmen und interpretieren, und zwar in Abhängigkeit von ihrem Vorwissen.
- Im Zentrum stehen realitätsbezogene Probleme. Sie stellen den Rahmen für das zu erwerbende Wissen dar.
- Zentral für den Wissenserwerb ist das soziale Aushandeln von Bedeutungen, das auf der Grundlage kooperativer Prozesse zwischen Lehrenden und Lernenden erfolgen kann.

- Jeder Lernende interpretiert das gleiche Objekt oder Ergebnis individuell, d. h. etwas anders. Das bedeutet, dass auch unterschiedliche Lernergebnisse entstehen.

Zusammenfassend kann festgehalten werden: Lernen bedeutet nach diesem Verständnis Transfer und Problemlösen (Hattie & Zierer 2019).

Fazit
Konstruktion und *Instruktion* sollten nicht gegeneinander ausgespielt werden. Jeder Lernprozess ist konstruktiv, und das oberste Ziel des Unterrichts muss darin bestehen, den Lernenden Konstruktion zu ermöglichen und diese anzuregen. Das Lernen erfordert aber auch Orientierung, Anleitung und Hilfen. Die Aufgabe der Lehrkraft ist es, Lernende unterstützend zu begleiten und ihnen hilfreiche Instruktionen anzubieten. Lernen erfordert von den Schülerinnen und Schülern immer Motivation, Interesse und Aktivität. Ziel eines guten Unterrichts muss es sein, eine Balance zwischen Instruktion durch die Lehrkraft und konstruktiver Aktivität durch die Lernenden zu erreichen.

Wenn man erfahrene Lehrkräfte fragt, welche der Konzeptionen sie umsetzen, erhält man häufig zur Antwort: «Von jeder Konzeption ein bisschen, sofern die Schülerinnen und Schüler aktiv teilnehmen und die Rahmenbedingungen es zulassen.» Bei der konkreten Umsetzung von Unterrichtskonzeptionen rücken jeweils unterschiedliche Methoden in den Vordergrund. Beim lernzielorientierten Unterricht wird es mehr Sequenzen in Form von Frontalunterricht geben, beim handlungsorientierten Lernen steht vermehrt das Arbeiten in der Gruppe im Mittelpunkt.

Choreografien des unterrichtlichen Handelns

Unterricht vollzieht sich auf zwei Ebenen:

1. Die Basisstruktur bezieht sich auf den Lernprozess, den die Schülerinnen und Schüler individuell durchlaufen. Diese Prozesse werden in der pädagogischen Literatur als Skripte beschrieben. Sie sind Abfolgen von Handlungen, die die gleiche Struktur haben. Hierbei geht es gewissermaßen um die innere Seite des Unterrichts, bei der die lernpsychologischen Erkenntnisse eine Rolle spielen. Für verschiedene Arten des Lernens gibt es unterschiedliche Skripte und Basisstrukturen. Aus ihnen ergeben sich die notwendigen Schritte, die die Lernenden absolvieren müssen.
2. Die Sichtstruktur bzw. Oberflächenstruktur bezieht sich auf die konkrete Unterrichtsgestaltung. Ausgehend von den Lernzielen im Lehrplan und der Basisstruktur entscheidet die Lehrkraft über den Einsatz der Medien und Methoden.

Folgende Übersicht bildet den Wissensaufbau sowie die Begriffsbildung ab (siehe Tabelle 5, Oser & Baeriswyl 2001):

Basisstruktur – innere Seite (Abfolge von Handlungen, Skripte)	Möglicher Unterrichtsverlauf – äußere Seite *Beispiel:* Die repräsentative Demokratie verstehen
1. Das Bekannte wird aktualisiert.	Die Schülerinnen und Schüler sitzen im Kreis. Die Erfahrungen mit demokratischem und undemokratischem Verhalten werden ausgetauscht und diskutiert.
2. Ein Prototyp wird vorgestellt und erarbeitet. Es handelt sich um ein Musterbeispiel, das alle wesentlichen Merkmale oder Elemente eines Begriffes enthält.	Gemeinsames Erleben eines Beispiels von Demokratie: Ein Film über eine Gemeinderatsversammlung wird gezeigt. Es folgt ein Gespräch über den Film.
3. Die Lernenden erarbeiten die neuen Merkmale oder Elemente des Begriffs, die im Prototyp enthalten sind.	Die Kriterien der Demokratie werden präzise erarbeitet. Dabei wird für die Lernenden u. a. erkennbar, dass jede Person gleich viele Rechte und Pflichten hat. Dieser Schritt erfolgt in Form eines Lehrgesprächs.
4. Jetzt folgt der aktive Umgang, die Anwendung. Die Elemente des neuen Begriffs werden mit bereits bekannten Begriffen in Beziehung gesetzt.	Die Lehrkraft legt einen Arbeitsauftrag vor, der die Lernenden auffordert, sich in Partnerarbeit mit der Frage der Entstehung der Demokratie in Deutschland auseinanderzusetzen.
5. Die Anwendung des neuen Begriffs in anderen Bereichen und die Analyse von oder Synthese zu ähnlichen oder verwandten Begriffen.	In Gruppen werden verschiedene Aufträge bearbeitet. Gruppe 1 vergleicht die repräsentative Demokratie in Deutschland mit der partizipativen Demokratie in Deutschland bzw. in der Schweiz. Gruppe 2 vergleicht die Diktatur im Dritten Reich mit der partizipativen Demokratie in der Schweiz usw.

Tabelle 5: Basisstruktur und Unterrichtsverlauf

Die linke Spalte gilt der Basisstruktur, die alle Lernenden beim Aufbau von Wissensstrukturen durchlaufen müssen. In der rechten Spalte werden die möglichen methodischen Schritte vorgestellt. Bei den Choreografien des Lernens geht es um diese Zweiteilung: Vorgegeben ist der Lernweg, frei wählbar ist der methodische Zugang. Abbildung 3 verdeutlicht den Zusammenhang zwischen den beiden Ebenen:

Basisstruktur (Unveränderbare Elemente eines lernpsychologischen Grundmusters)	**1**	**2**	**3**	**4**	**5**
Unterrichtsverlauf (von der Lehrkraft bestimmt)	Erfahrungen der Schüler, Diskussion	Film über eine Gemeinderatssitzung	Lehrgespräch, erarbeitender Unterricht	Arbeitsauftrag in Partnerarbeit	Gruppenarbeiten mit Präsentation

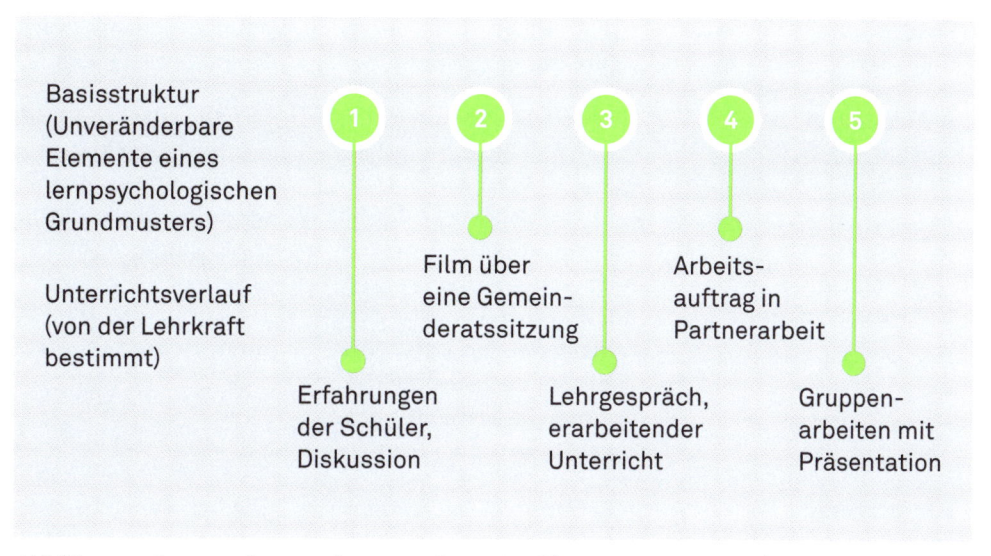

Abbildung 3: Basisstruktur und Unterrichtsverlauf (siehe auch Tabelle 5)

Der Aufbau von Begriffen ist jene Basisstruktur im Unterricht, die in unseren Klassenzimmern am häufigsten zu beobachten ist. Weitere Basisstrukturen (vgl. Elsässer 2000) gibt es beispielsweise zum entdeckenden Lernen, zum Problemlösen und zum Lernen von Strategien.

Wir haben das Modell von Oser und Baeriswyl (2001) weiterentwickelt und beschreiben mit dem eigenen Modell (AVIVA) zwei zusätzliche Unterrichtsphasen: zu Beginn «Ankommen und Einstimmen», zum Schluss «Auswerten» (vgl. Städeli, Maurer, Caduff & Pfiffner, 2024).

Fünf Phasen des Unterrichts – das AVIVA-Modell

Das AVIVA-Modell skizziert fünf Phasen des Unterrichts, die dem Ablauf des Lernprozesses entsprechen (→ Tabelle 6). Lernen setzt zunächst die Bereitschaft voraus, sich auf Neues einzulassen («Ankommen und Einstimmen»). Beim bereits vorhandenen Wissen («Vorwissen aktivieren») setzt das eigentliche Lernen («Informieren») an und baut darauf auf. Damit dieses Neue sich festigen kann, braucht es Gelegenheiten zur Anwendung, Vertiefung und Übung («Verarbeiten»). Schließlich wird man sich beim Lernen immer wieder vergewissern, was bereits geleistet wurde, bevor die nächste Etappe in Angriff genommen wird («Auswerten»).

Es ist wichtig, dass sich der Unterricht an diesen fünf Phasen orientiert. Nur so besteht Gewissheit, dass der Lernprozess inhaltlich und methodisch korrekt und vollständig durchlaufen wird.

Phasen	Instruktion: Direktes Vorgehen[2]	Selbstgesteuertes Lernen: Indirektes Vorgehen
A Ankommen und einstimmen	Lernziele und Programm werden bekannt gegeben.	Die Situation, das Problem wird vorgestellt; die Lernenden bestimmen Ziele und Vorgehen weitgehend selbstständig.
V Vorwissen aktivieren	Die Lernenden aktivieren ihr Vorwissen unter Anleitung und strukturiert durch die Methoden der Lehrkraft.	Die Lernenden aktivieren ihr Vorwissen selbstständig.
I Informieren	Kenntnisse und Fertigkeiten (Ressourcen) werden gemeinsam entwickelt bzw. erweitert; die Lehrkraft gibt dabei den Weg vor.	Die Lernenden bestimmen selbst, welche Kenntnisse und Fertigkeiten sie sich noch aneignen müssen, und wie sie konkret vorgehen wollen.
V Verarbeiten	Aktiver Umgang der Lernenden mit den vorgegebenen Ressourcen: verarbeiten, vertiefen, üben, anwenden, konsolidieren usw.	Aktiver Umgang der Lernenden mit den neuen Ressourcen: verarbeiten, vertiefen, üben, anwenden, diskutieren usw.
A Auswerten	Ziele, Vorgehen und Lernerfolg überprüfen usw.	Ziele, Vorgehen und Lernerfolg überprüfen usw.

Tabelle 6: AVIVA-Lernphasen

Das AVIVA-Modell ist nicht grundsätzlich neu; es bringt aber die wesentlichen Elemente gut strukturierten Unterrichts in einen klaren Ablauf. AVIVA zeigt, in welchen Phasen Lehrkräfte mit welchen Methoden bei den Lernenden welche Ressourcen gezielt aufbauen können. Die Vorteile liegen für alle Beteiligten auf der Hand:
- Das AVIVA-Modell ist Mittel zur Analyse und Orientierungsraster zugleich. Es zeigt uns, welche Ressourcen in welcher Phase mit welchen Methoden am besten aufgebaut werden. Es werden also nicht beliebig Ressourcen aufgebaut und Kompetenzen gefördert; beides steht vielmehr in direktem Zusammenhang mit den Inhalten (vorgegeben durch die verschiedenen Phasen) und der Art und Weise, wie wir die Inhalte vermitteln.

---

[2] Die Begriffe «direktes» und «indirektes Vorgehen» stammen von Rolf Dubs (2009, S. 262) und beziehen sich auf den «Führungsstil» der Lehrerin oder des Lehrers.

- AVIVA ist zugleich ein Koordinationsinstrument. Ein Unterricht, der nach diesem Modell geplant und durchgeführt wird, lässt sich jederzeit auch von außen beobachten und beschreiben. Präzise Kriterien ermöglichen es allen Beteiligten, den Unterricht zu analysieren und Optimierungsmöglichkeiten abzuleiten. Bei der Umsetzung der Bildungspläne ist die Transparenz auch für die Ausbildungskoordination der Lernorte wertvoll.
- Mit dem AVIVA-Modell lässt sich selbstverantwortetes Lernen effektiv fördern. Wenn die Lehrerin oder der Lehrer den Lernenden das AVIVA©-Modell erfolgreich nahebringt, wird es diesen besser gelingen, Ressourcen gezielt aufzubauen und ihr Lernen zunehmend selbst zu steuern.

> Das AVIVA-Modell wurde erstmals in einem Buch von Christoph Städeli und seinen Kollegen vorgestellt, das 2010 in deutscher Sprache veröffentlich wurde (Städeli, Grassi, Rhiner & Obrist 2010). Seitdem hat das Modell in der Schweiz und in anderen deutschsprachigen Ländern große Beachtung in der Aus- und Weiterbildung von Lehrkräften gefunden und wurde zu einem Referenzpunkt in zahlreichen Grundlagenwerken und wissenschaftlichen Beiträgen zur Schulpädagogik. Da das Interesse auch außerhalb des deutschsprachigen Raums wuchs, erschien jüngst eine englische Version (Städeli & Maurer 2020). Zu dieser englischen Ausgabe hat John Hattie ein Vorwort geschrieben. Unter anderem führt er auf, dass das AVIVA-Modell ein hervorragendes Beispiel dafür sei, wie Lehrkräfte das Lernen mit den Augen der Lernenden zu sehen vermögen und die Lernenden dazu befähigt werden können, ihre eigenen Lehrpersonen zu sein. Diese Sichtweise wird ebenfalls von Hilbert Meyer und Carola Junghans (2022, S. 164) bestätigt. Im Vergleich zu anderen Stufen- und Phasenmodellen, die in den letzten 200 Jahren entwickelt wurden und vorwiegend die Lehrerzentrierung bestärken, bilde das AVIVA-Modell hier eine löbliche Ausnahme.

Instrumente – Anregungen zu den Zusatzmaterialien
Die Zusatzmaterialien können über mehr.hep-verlag.com/unterrichten heruntergeladen werden.

4.1 Unterricht nach dem AVIVA-Modell planen – Zwei Beispiele
An zwei Beispielen zeigen wir auf, wie das «AVIVA-Modell» in der Unterrichtsplanung umgesetzt werden kann. Beim ersten Beispiel wird eine ausführliche Unterrichtsvorbereitung präsentiert, beim zweiten wird ausschließlich die Verlaufsplanung vorgestellt.

5
**METHODEN
WÄHLEN**

5 Methoden wählen

Nachdem die Unterrichtskonzeption im Sinne der Basisstruktur (Tiefenstruktur) des jeweiligen Unterrichts bestimmt wurde, müssen nun die adäquaten Methoden für die konkrete Unterrichtsgestaltung (Oberflächenstruktur) gewählt werden. Wir zeigen mittels einer Methodenlandkarte, wo die gängigsten Methoden in Hinblick auf die beiden Dimensionen Instruktion und Konstruktion sowie Handlungsorientierung und Lehrgangsorientierung verortet werden können.

Methoden sind einerseits Verfahren, mit denen der Unterrichtsprozess so gestaltet wird, dass Lernende sich Wissen und Kompetenzen aneignen können. Anderseits bestimmen Methoden die Form der Zusammenarbeit zwischen den Lernenden sowie den Lehrenden und den Lernenden (siehe Meyer & Junghans 2021).

Methoden sind aber immer nur Mittel zum Zweck des Lernens von Inhalten und des Erwerbs von Kompetenzen.

Methodenlandkarte

In Anlehnung an Hilbert Meyer und Carola Junghans (2021) haben wir eine Methodenlandkarte entwickelt, die zeigt, wie breit die Palette der verfügbaren Methoden ist. Die vertikale Achse verdeutlicht das Spektrum von Instruktion zur Konstruktion. Die horizontale Achse zeigt das weite Feld, das vom lehrgangsorientierten und in erster Linie sprachlich vermittelten Unterricht sich immer stärker den offenen, erfahrungs- und handlungsorientierten Formen zuwendet.

Die Landkarte kann als Analysebogen verwendet werden. Es können beispielsweise jene Methoden angekreuzt werden, die nie oder nur selten im Unterricht umgesetzt werden. In den Instrumenten zu diesem fünften Kapitel haben wir einzelne Formen genauer beschrieben und stellen eine Handlungsanleitung zur Verfügung, wie die Methoden im Unterricht eingesetzt werden können. In vielen Büchern sind die Methoden differenziert dargestellt. Wir verweisen hier lediglich auf die Werke von Peter Gasser, Norbert Landwehr, Ruth Meyer, Agnes Weber, Diethelm Wahl oder Dieter Euler und Angela Hahn sowie Rolf Dubs und Harvey F. Silver, Richard W. Strong und Matthew J. Perini, die in der Bibliografie aufgeführt sind.

Methodenlandkarte

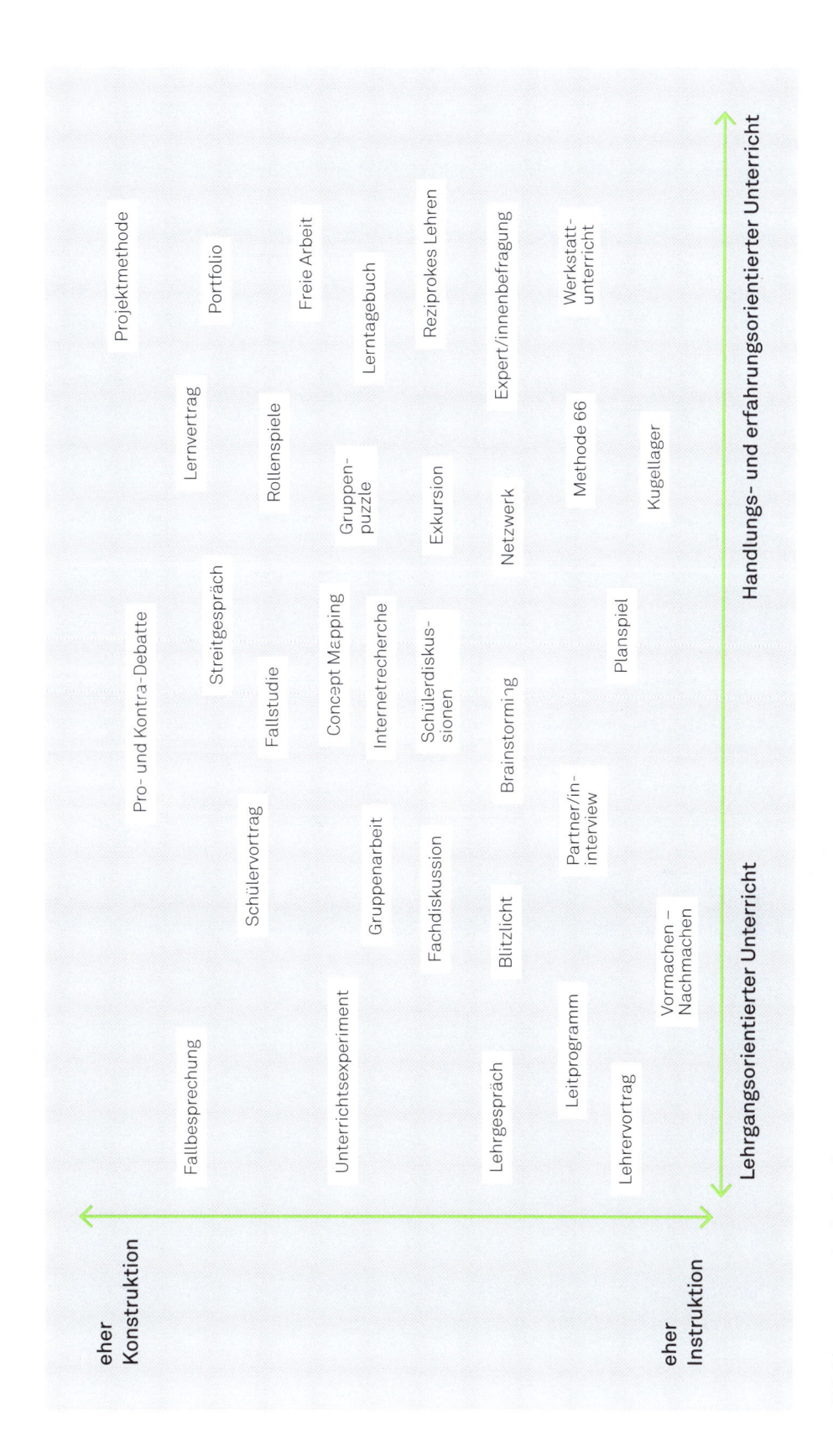

Achsen:
- horizontal: eher Konstruktion ↔ eher Instruktion
- vertikal: Lehrgangsorientierter Unterricht ↔ Handlungs- und erfahrungsorientierter Unterricht

Methoden (eher Konstruktion / handlungs- und erfahrungsorientiert):
- Projektmethode
- Portfolio
- Freie Arbeit
- Lerntagebuch
- Reziprokes Lehren
- Expert/innenbefragung
- Werkstattunterricht
- Lernvertrag
- Rollenspiele
- Gruppenpuzzle
- Exkursion
- Netzwerk
- Methode 66
- Kugellager

Methoden (mittlerer Bereich):
- Pro- und Kontra-Debatte
- Streitgespräch
- Fallstudie
- Concept Mapping
- Internetrecherche
- Schülerdiskussionen
- Brainstorming
- Planspiel

Methoden (eher Konstruktion / lehrgangsorientiert):
- Schülervortrag
- Gruppenarbeit
- Fachdiskussion
- Blitzlicht
- Partner/in-interview
- Vormachen – Nachmachen

Methoden (eher Instruktion / lehrgangsorientiert):
- Fallbesprechung
- Unterrichtsexperiment
- Lehrgespräch
- Leitprogramm
- Lehrervortrag

Abbildung 4: Methodenlandkarte

Weitere Methodeninstrumente im Internet

Im Methodenpool der Universität Köln werden viele Methoden ausführlich erläutert.

→ http://methodenpool.uni-koeln.de/frameset_uebersicht.htm [8.2.2023]

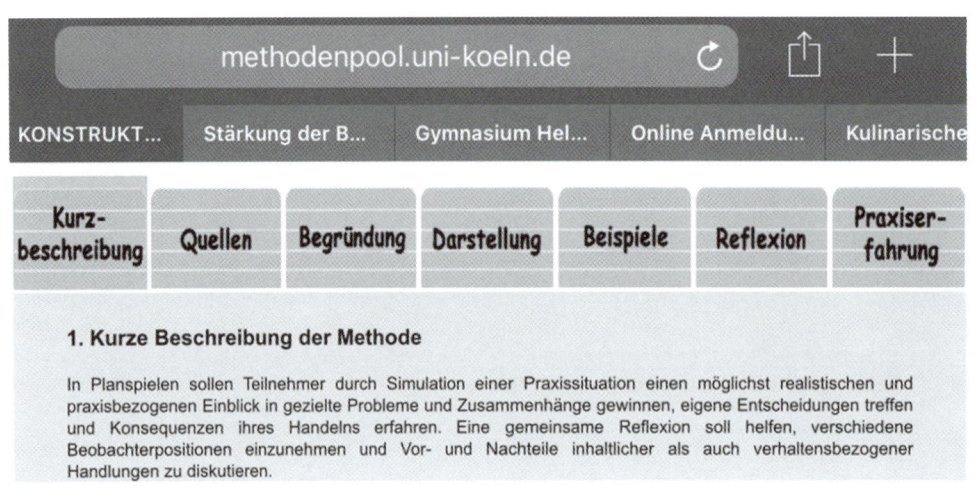

Abbildung 5: Beispiel aus dem Methodenpool der Universität Köln

Der «Münchner Methodenkasten», ursprünglich entwickelt von der Technischen Universität München, verbindet die Methodenwahl mit dem AVIVA-Modell, indem aufgezeigt wird, welche Methoden (bei unterschiedlichen Sozialformen) in den entsprechenden AVIVA-Phasen eingesetzt werden können.

→ www.profil.uni-muenchen.de/profil/publikationen/muenchner-methodenkasten/muenchner-methodenkasten.pdf [8.2.2023]

Instrumente – Anregungen zu den Zusatzmaterialien

Die Zusatzmaterialien können über mehr.hep-verlag.com/unterrichten heruntergeladen werden.

5.1 Das Methodenrepertoire der Lernenden erfassen

Um das Methodenrepertoire der Lernenden zu erfassen, haben wir einen Fragebogen entwickelt, den Sie den Lernenden vorlegen können. Es ist aufschlussreich, gemeinsam die Ergebnisse zu diskutieren und Schlussfolgerungen für den Unterricht zu ziehen.

5.2 Fallstudien

Die Idee der Fallstudie stammt aus der Hochschulbildung. Fallstudien dienen dort der praxisnahen Ausbildung, zum Beispiel von Managern, die so zu besseren Wirtschaftsfachleuten und zu effizienteren Problemlösern werden sollen. Die Methode lässt sich auch im Unterricht einsetzen.

5.3 Leitprogramme

Ein Leitprogramm ist ein Heft, das durch den Unterricht führt. In diesem Heft sind alle Anweisungen, Zielsetzungen, Texte und Aufgabenstellungen zu finden. Der Stoff wird in Einheiten von 30 bis 45 Minuten unterteilt.

5.4 Werkstattunterricht

In einer Werkstatt wird gearbeitet, aber nicht alle machen dasselbe: Hier arbeitet ein Handwerker allein an einer Maschine, dort andere zu dritt, und der Meister kann nicht überall dabei sein. Auf die Schule übertragen bedeutet dies, dass beim Werkstattunterricht im Klassenraum verschiedene Posten aufgebaut werden, an denen sich Aufträge und Arbeitsmaterialien befinden. An jedem Posten können mehrere Lernende arbeiten. Die Aufträge werden im Selbststudium erarbeitet; den Rhythmus bestimmen die Lernenden weitgehend selbst. Im Wahlbereich können individuelle Schwerpunkte gesetzt werden.

5.5 Projektunterricht

Der Projektgedanke ist nicht neu. Schon die pädagogischen Klassiker Jean-Jacques Rousseau und Heinrich Pestalozzi haben Ideen entwickelt, die dem heutigen Verständnis von Projektunterricht ähnlich sind: Die Initiative geht von den Schülern und Schülerinnen aus. Das Vorhaben wird in der Klasse gemeinschaftlich realisiert. Von den Themen bis zur Art der Präsentation liegen die Entscheidungen über weite Strecken bei den Schülern und Schülerinnen selbst.

5.6 Das Rollenspiel

Rollenspiele haben im Unterricht eine besondere Bedeutung. Die Schülerinnen und Schüler lernen aufgrund zugewiesener oder selbst gewählter Rollen, Meinungen, Gefühle und Haltungen anderer zu vertreten und mit der eigenen Persönlichkeit in Verbindung zu bringen. Wir zeigen, wie Rollenspiele im Unterricht umgesetzt werden können.

5.7 Planspiele einsetzen
Das Planspiel ist eine Lehr- und Lernmethode, bei der die Teilnehmerinnen und Teilnehmer aufgrund einer vorgegebenen Ausgangslage und eines bestimmten Ablaufs Sachkenntnisse und Fertigkeiten realitätsnah erlernen und umsetzen. – Hier finden sich einige Anregungen und Tipps, worauf man bei der Umsetzung achten muss.

5.8 Gruppenunterricht – die wichtigsten Regeln
Gruppenunterricht ist bei Schülerinnen und Schüler beliebt. Wir zeigen, wie Gruppen gebildet werden können und welche Voraussetzungen erfüllt sein müssen, damit Gruppenunterricht erfolgreich durchgeführt werden kann.

6
MEDIEN WÄHLEN UND DEREN EINSATZ PLANEN

6 Medien wählen und deren Einsatz planen

In diesem Kapitel begründen wir, wozu man im Unterricht Medien benötigt. Die Unterrichtsmedien werden in fünf Kategorien gegliedert. Diese Einteilung wird Ihnen helfen, sich über Ihren persönlichen Medieneinsatz klar zu werden. Für das Lernmedium Text gehen wir der Frage nach der Verständlichkeit auf den Grund. Wir zeigen, wie Texte verständlich formuliert werden.

Wozu dienen Medien?

Unterricht, der sich ausschließlich auf Sprache stützt und in dem keine anderen Medien eingesetzt werden, spricht die Sinne der Schülerinnen und Schüler einseitig an und überfordert sie damit. Ein solcher Unterricht bietet den Schülern und Schülerinnen wenig Abwechslung, stellt hohe Anforderungen an ihre Konzentrationsfähigkeit und fordert sie nicht umfassend heraus. Schon Comenius (1592–1670) hat auf diesen Punkt aufmerksam gemacht, als er seinen *Orbis sensualium pictus*, eine Welt in Bildern, schuf, ein Lehrbuch, dessen Texte durch Bilder veranschaulicht werden. Comenius forderte die Abkehr von der mittelalterlichen Lernschule mit ihrem «Verbalismus» und die Hinwendung zu einem «Sensualismus», einem Unterricht, der nicht nur symbolische, sondern vor allem auch ikonische Erfahrungen ermöglichte. Seit Comenius ist das Prinzip der Anschauung in der Didaktik anerkannt, und Comenius' Anliegen wurden von Pädagoginnen und Pädagogen immer wieder aufgegriffen (Becker 2007a).

Unterrichtsmedien im Überblick

Medien sind Lehr- und Lernmittel, die den Lernprozess unterstützen. Allerdings ist kein Objekt von sich aus ein Medium. Objekte werden erst durch ihren aufgabenbezogenen Einsatz im Unterricht zu Medien. Der Begriff «Medium» ist deshalb kein Material-, sondern ein Funktionsbegriff (Hintz, Pöppel & Rekus 2001).
Welche Medien kommen im Unterricht vor? Abbildung 6 zeigt fünf Untergruppen:

Unterrichtsmedien				
Computer, Smartphones, Tablets	**Lehrmittel, gedruckt oder elektronisch**	**Auditive/ visuelle Medien**	**Apparate/ Modelle**	**Sonstige**
Smartphones, Tablets, Hardware, Software	Duden, Fachlehrmittel	DVD, Video, Folien, YouTube	Globus, Wanderkarten	Wandtafel, Flipchart, Verbrauchsmaterial

Abbildung 6: Übersicht Unterrichtsmedien

Bei der Auswahl von Medien ist es wichtig, auf vielfältige Handlungsmöglichkeiten der Schülerinnen und Schüler zu achten. Computer und andere elektronische Medien (Smartphones, Tablets u. a.), eröffnen vor allem in Verbindung mit dem Internet und anderen Kommunikationstechnologien die Möglichkeit, gleichzeitig mehrere Sinne anzusprechen und einen ganzheitlichen Unterricht zu gestalten. Beispielsweise besteht die Möglichkeit, die Schülerinnen und Schüler im Internet selbstständig Informationen beschaffen und mit anderen Personen kommunizieren zu lassen.

Welches Medium zum Einsatz kommt, ist abhängig von den Unterrichtszielen und den Lernvoraussetzungen der Schülerinnen und Schüler. Über- oder Unterforderung lassen sich so vermeiden. Gerade beim Einsatz von Informationstechnologien stellen sich allerdings häufig Probleme wie Desorientierung oder kognitive Überlastung ein (Zumbach 2010). Die Schülerinnen und Schüler sind bei der Informationssuche nicht immer in der Lage, die semantische Bedeutung der aufgesuchten Information zu erfassen und die neuen Informationen sinnvoll auf die Aufgabenstellung zu beziehen.

Welche Medien sollen im Unterricht eingesetzt werden? Folgende Leitfragen sind bei der Auswahl hilfreich:
1. Welche Medien stehen mir für ein Thema zur Verfügung?
2. Welche Funktion erfüllen die ausgewählten Medien in den einzelnen Unterrichtsphasen? Welche Lehrfunktionen soll das Medium übernehmen?
3. Auf welche Weise werden die Schülerinnen und Schüler durch den Einsatz des Mediums aktiviert?
4. Sind die räumlichen Voraussetzungen für den Medieneinsatz gegeben?
5. Verfüge ich als Lehrkraft über die erforderliche Handlungskompetenz, um das Medium im Unterricht erfolgreich einzusetzen?
6. Welche Medien möchte ich im Klassenzimmer permanent zur Verfügung haben, damit sie den Lehr-Lern-Prozess optimal unterstützen können?

Text als Lernmedium

Im Unterricht werden häufig Texte eingesetzt, entweder aus Lehrmitteln in gedruckter oder in elektronischer Form. Dazu gehören beispielsweise PowerPoint-Präsentationen und die Informationen in sogenannten Hypertexten oder Hypermediasystemen. Bei den Hypertexten steht die Idee im Vordergrund, dass die Schülerinnen und Schüler einen Inhalt auf unterschiedlichen eigenen Pfaden erschließen.

Die äußere Form eines Textes kann sehr unterschiedlich sein, aber alle Texte müssen «lernfreundlich» gestaltet sein. Das wichtigste Kriterium ist hierbei ihre Verständlichkeit.

Verständlichkeit

Die Verständlichkeit mündlicher und schriftlicher Arbeitsaufträge ist von vier Dimensionen abhängig: *Einfachheit, Gliederung, Kürze/Prägnanz* und *zusätzliche Anregungen:*

1. Die Dimension *Einfachheit* erfasst Worte und Satzbau. Ein Sachverhalt sollte möglichst einfach dargestellt sein. Dazu gehört, dass Fachwörter erklärt und Zusammenhänge mithilfe von konkreten Beispielen aufgezeigt werden.
2. Die Dimension *Gliederung* bezieht sich auf die Ordnung und die Übersichtlichkeit einer Information – darauf, wie gut der rote Faden erkennbar ist. Dabei gilt es, zwei Gesichtspunkte zu berücksichtigen:
   Innere Ordnung: Die Sätze sind folgerichtig aufeinander bezogen. Die Informationen werden in einer sinnvollen Reihenfolge dargeboten, Verbindungen zu den einzelnen Bedeutungseinheiten werden hergestellt.
   Äußere Ordnung: Der Aufbau des Textes ist sichtbar. Dazu gehört die übersichtliche Gruppierung zusammengehöriger Teile und eine Unterscheidung von Wesentlichem und Unwesentlichem durch Hervorheben oder Zusammenfassen.
3. Die Dimension *Kürze/Prägnanz* erfasst den Sprachaufwand im Verhältnis zur Information. Knappe, gedrängte Darstellungen liegen am einen Ende der Skala, ausführliche und weitschweifige am anderen.
4. Die Dimension *zusätzliche Anregung* erfasst das Ausmaß der anregenden «Zutaten», in die eine Information verpackt ist. Gestaltungselemente können bei den Rezipientinnen und Rezipienten Interesse und Anteilnahme hervorrufen. Durch wörtliche Rede, Fragen zum Mitdenken, praxisnahe Beispiele, direktes Ansprechen der Leserin oder des Lesers und durch humorvolle Formulierungen lässt sich die Aufmerksamkeit erhöhen.

Für alle vier Dimensionen konnte nachgewiesen werden, dass sie das Verstehen und Behalten von Informationen beeinflussen (Tausch & Tausch 1998). «Einfachheit» und «Gliederung» haben sich als die beiden wichtigsten Dimensionen erwiesen. Sie sollten in möglichst hohem Maße verwirklicht sein. Bei der Dimension «Kürze/Prägnanz» liegt das Optimum eher in der Mitte; extrem knappe Darstellungen fördern das Verständnis ebenso wenig wie weitschweifige Ausführungen. Bei «zusätzlicher Anregung» in hohem Ausmaß wird das Verstehen und Behalten durch Unübersichtlichkeit gefährdet, auch hier liegt das Optimum in der Mitte.

> **Visualisierung**
> Regeln für den richtigen Handschriftgebrauch auf OneNote, am Flipchart usw. (vgl. Gugel 2021; Gudjons 2021):
> – Ganze Sätze und zu breit gezogene Schrift vermeiden,
> – Buchstaben relativ eng nebeneinander schreiben,
> – Ober- und Unterlängen kurz halten,
> – Groß- und Kleinbuchstaben verwenden,
> – gleiche Schriftgröße für gleichartige Aussagen verwenden,
> – Lesegewohnheit beachten – von links oben nach rechts unten,
> – nur bekannte Abkürzungen verwenden,
> – Geschriebenes aus der Entfernung überprüfen – Schriftgröße anpassen,
> – Zusammenhänge durch gleiche Farben und Formen herstellen.

Eine leicht verständliche Gestaltung von Texten erleichtert das Lernen. Der Grad von Verstehen und Behalten ist zum einen von der Schwierigkeit des Sachverhalts abhängig, zum andern von der Auffassungsgabe der Lernenden. Eine Analyse verschiedener Lehrbücher und Lernmedien zeigt jedoch, dass viele Sachtexte wesentlich verständlicher gestaltet werden könnten. Die Schülerinnen und Schüler würden mit einem geringeren Aufwand bessere Leistungen erzielen. Diese Einsicht führt uns zur ersten Anregung bei den → Instrumenten im Internet.

Medien als Mittel der Veranschaulichung

Gezielt eingesetzte Medien können die Lernenden maßgeblich dabei unterstützen, einen Sachverhalt richtig zu verstehen und zu erfassen. Sie können in allen Phasen des Lernprozesses – in unterschiedlicher Funktion – eingesetzt werden.

Als Mittel zum Verstehen hat jedes Medium eigene didaktische Funktionen. Nachfolgend werden in Anlehnung an Sabine Weiß (2018, S. 105 f.) die wichtigsten Medien für den Gebrauch im Unterricht aufgeführt:

Medium	Einsatz	Vorteil	Nachteil	Zu beachten
CD/Audio	Hörtexte, Musik, Rezitationen, Podcasts	Einfache Handhabung, Möglichkeit der Wiederholung	CD ist ein mittlerweile veraltetes Medium, technische Probleme	CD-Laufwerk, Tonqualität, Internetverbindung
DVD/Video	Darstellung und Verdeutlichung von komplexen Sachverhalten und Abläufen/Handlungen, Praxisbeispiele, Ausschnitte aus Spielfilmen und Dokumentationen	Kombination von Bild- und Ton, Vielfalt an technischen Möglichkeiten (Wiederholung, Überspringen, Zeitlupe, Zeitraffer, Still)	Technische Probleme, Überforderung der sinnlichen Wahrnehmung und der Verarbeitung	DVD-Laufwerk, Bild- und Tonqualität, Internetverbindung
Beamer	Präsentationen, Abbildungen, Strukturen, Stichwortsammlungen, Animationen	Schrittweise Entwicklung einer Idee, schnelle Änderung und Anpassung, angepasstes Tempo, Lesbarkeit	Technische Probleme, Überforderung der sinnlichen Wahrnehmung und der Verarbeitung, zu viel Schrift	Lesbarkeit, Sparsamkeit, mündliche Erläuterungen als Ergänzung
Flipchart	Stichwortsammlung, Protokollierung, schematische Darstellungen	Geplanter und spontaner Einsatz, Entwicklung einer Idee, angepasstes Tempo, technisch anspruchslos	Rücken zur Klasse, kein Sichtkontakt während des Schreibens	Verschiedene Schreibstifte, richtige Position, Lesbarkeit der Schrift
Dokumentenkamera (Visualizer)	Praxisbeispiele, Präsentation von verschiedenen Materialien (Bücher, Arbeitsblätter, Zeichnungen, Arbeiten der Lernenden)	Geplanter und spontaner Einsatz	Technische Probleme, anspruchsvollere Handhabung (Freeze, Zoom)	Lesbarkeit
Computer, Laptop, Tablet	Interaktivität, Simulationen, Planspiele, Herstellung von Produkten (Grafiken, Präsentationen, Filme), Recherchen, Aufbereitung von Informationen, Lernplattformen, Klassenchats, digitale Pinnwand, Abstimmen, Wisensüberprüfung	Individuelles Arbeiten und Arbeitstempo, Möglichkeit zur Wiederholung, Zugriff auf viele Informationen	Technische Probleme, voraussetzungsreich (Wissen, Techniken usw.)	Internetverbindung, Fähigkeiten der Lernenden (fachlich, technisch und in Bezug auf Selbstständigkeit), Datenschutz

Tabelle 7: Die wichtigsten Unterrichtsmedien (nach Weiß 2018, S. 105 f.)

Die Medienverwendung im Unterricht soll laut Gerhard Tudolziecki (2011) auch die Medienbildung der Lernenden einbeziehen. Er führt fünf miteinander verknüpfte Bereiche an:
- Reflektierte Auswahl und Nutzung vorhandener Medienangebote,
- Gestaltung und Verbreitung eigener medialer Beiträge,
- Verstehen und Bewerten von Mediengestaltung (inhaltlich und formal),
- Erkennen und Aufarbeiten von Medieneinflüssen,
- Bedingungen der Medienproduktion und Medienverbreitung analysieren und bewerten.

Unterrichtssequenzen oder Projekte dazu können in allen Fächern oder fachübergreifend durchgeführt werden.

Instrumente – Anregungen zu den Zusatzmaterialien

Die Zusatzmaterialien können über mehr.hep-verlag.com/unterrichten heruntergeladen werden.

6.1 Die vier Dimensionen der Verständlichkeit
Wie verständlich sind Ihre Texte formuliert? – Ein Instrument, mit dem Sie Ihre Texte analysieren und optimieren können.

6.2 Texte verstehen und schreiben leicht gemacht
Hier finden Sie eine Übersicht zum Erschließen und Verfassen von Texten. Dies ist eine Hilfe im Alltag, wenn es darum geht, einen Text schnell im Wesentlichen zu erfassen oder wenn eine komplexe Schreibarbeit gefordert ist.

6.3 Verständlich schreiben
Wenn Lehrkräfte verständliche Texte oder Aufträge verfassen, schaffen sie beste Voraussetzungen für den Lernerfolg der Schülerinnen und Schüler. – Wie ist ein guter Text aufgebaut, welche sprachlichen Merkmale besitzt er? Dazu einige Anregungen und Tipps.

7
ANEIGNUNGS-PROZESSE ANREGEN UND BEGLEITEN

7 Aneignungsprozesse anregen und begleiten

In diesem Kapitel steht das Anregen und Begleiten von Aneignungsprozessen (Lernprozessen) im Mittelpunkt. Wir zeigen, wie die Lehrkraft das Vorwissen der Lernenden zu Beginn des Unterrichts aktualisieren kann. Danach gehen wir auf das Formulieren von Arbeitsaufträgen ein: Durch die Art ihrer Arbeitsaufträge steuert die Lehrkraft Lernprozesse und legt damit den Grad der Selbsttätigkeit fest. Anschließend erläutern wir, wie die Lehrkraft die Schülerinnen und Schüler durch gezielte Hilfestellungen beim Lernen unterstützen kann.

Stellenwert des Vorwissens

Zu Beginn des Unterrichts wird das Vorwissen aktualisiert. Durch diesen Schritt kann ein Lernplateau geschaffen werden, auf dem der weiterführende Unterricht aufgebaut werden kann. Der Aktualisierung des Vorwissens liegt die Vorstellung eines kumulativen Lernens zugrunde: Vorangehende Lehr-Lern-Prozesse bereiten auf die folgenden vor und schaffen damit die notwendigen Voraussetzungen für das weitere Lernen (→ Abbildung 7 und Steiner 2007, S. 65 f.). Fehlen diese Voraussetzungen, so haben die Lernenden mit dem noch zu erarbeitenden Stoff große Schwierigkeiten und werden spätere Aufgaben nicht richtig lösen können. Dies führt zu Lernbarrieren und den damit verbundenen motivationalen Einbrüchen. Zahlreiche Untersuchungen haben gezeigt, dass das Vorwissen eine entscheidende Rolle für den Lernerfolg spielt. Schülerinnen und Schüler, die beim Erarbeiten eines neuen Themas über das erforderliche Vorwissen verfügen, erzielen am Ende des Unterrichts bessere Fortschritte als diejenigen, bei denen das Vorwissen nicht aktualisiert wurde (Becker 2007b; Steiner 2007; Hattie & Zierer 2019).

Die Vorwissensaktivierung dient verschiedenen Zwecken:
- Aktivierung des allgemeinen Vorwissens: Lernen als kumulativer Prozess
- Aktivierung des spezifischen Vorwissens: systematischer Wissensaufbau
- Mittel des Konsolidierens früher erarbeiteten Wissens und Könnens
- Bewusstmachung von Misskonzepten/Vorurteilen
- für adaptiven Unterricht und Binnendifferenzierung

Da möglichst jede Lernende und jeder Lernende ihr beziehungsweise sein Vorwissen aktivieren soll, müssen Methoden gewählt werden, die alle Lernenden individuell aktivieren.

Aktivieren des Vorwissens

- Die Lehrkraft gibt das Thema vor und leitet zu einem Brainstorming an. Sie sammelt die Beiträge der Schülerinnen und Schüler an der Tafel oder in einem Padlet und lässt diese nach einer bestimmten Systematik ordnen.
- Die Schülerinnen und Schüler werden dazu aufgefordert, sich für wenige Minuten zu einer Problemstellung in kleinen Gruppen auszutauschen. Durch gezielte offene Fragen kann die Lehrkraft diesen Prozess steuern.
- Die Schülerinnen und Schüler gehen in Einzelarbeit nochmals ihre Einträge aus der letzten Unterrichtsstunde durch.

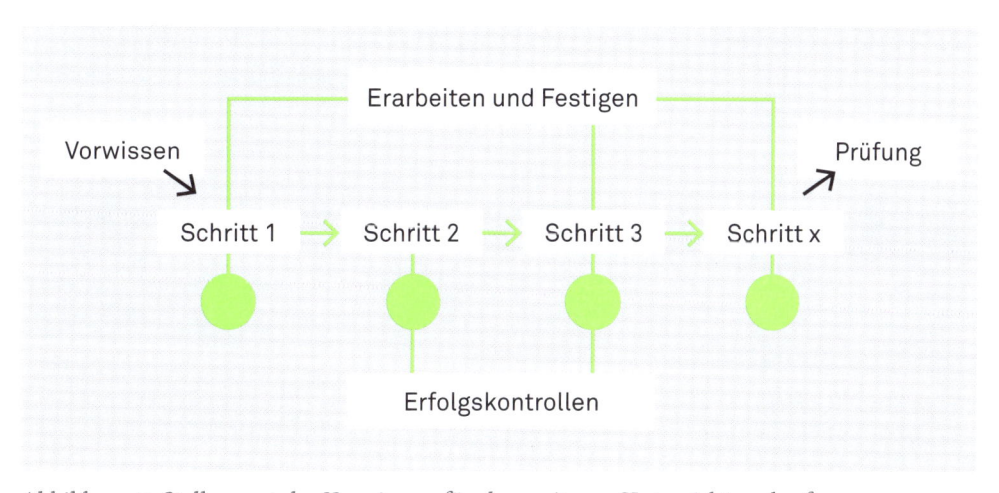

Abbildung 7: Stellenwert des Vorwissens für den weiteren Unterrichtsverlauf

Der didaktischen Fantasie sind hier keine Grenzen gesetzt. Wesentlich ist, dass das Vorwissen der Schülerinnen und Schüler immer wieder auf ganz unterschiedliche Art und Weise aktualisiert wird: Fragen zum Thema formulieren lassen, Problemkonfrontation, an einem Modell etwas erklären, einen Fall aus dem Alltag schildern lassen, Rollenspiele durchführen, eine Collage oder eine Mindmap erstellen lassen u. a.

Arbeitsaufträge

Nach der Aktualisierung des Vorwissens erfolgt die Erarbeitung des Neuen. Das übergeordnete Ziel dieser Phase besteht darin, Kenntnisse, Fertigkeiten und Fähigkeiten zu vermitteln, die die Schülerinnen und Schüler dazu befähigen, ähnliche Fragestellungen auch in Zukunft zu bewältigen. Wichtig ist, dass die Lehrkraft hier anspruchsvolle Arbeitsaufträge formuliert. Arbeitsaufträge sind Anleitungen oder Anweisungen, die bei den Schülerinnen und Schülern einen Lernprozess auslösen. Meistens werden die Aufträge im Rahmen der Unterrichtsvorbereitung vorformuliert oder sie werden, ausgehend von aktuellen Fragen der Schülerinnen und Schüler, spontan im Unterricht entwickelt.

Geeignete Arbeitsaufträge lassen sich durch folgende Kriterien beschreiben (Becker 2007a): Sie sind *verständlich formuliert*, bieten einen ausreichenden *Aufgabenreiz* und berücksichtigen das *Lernvermögen* der Schülerinnen und Schüler. Ein Aufgabenreiz kann durch einen mittleren Schwierigkeitsgrad, über Hinweise auf die Bedeutung der Lerninhalte und über eine anregende Gestaltung geschaffen werden (Steiner 2007, S. 38). Wie ein Arbeitsauftrag konkret aufgebaut ist, veranschaulicht das Beispiel in Tabelle 8.

Elemente	Thema: Lernstrategien erarbeiten – ein Modell des selbstregulierten Lernens entwickeln
Hinführung: Vorkenntnisse und Vorerfahrungen werden aufgeführt.	In der Arbeitswelt wird selbstständiges Lernen als wichtige Kompetenz betrachtet. Dies ist unser Fazit aus dem Film «Welche Qualifikationen benötigt ein Arbeiter im Jahre 2030», den wir das letzte Mal miteinander angesehen und analysiert haben. Auf dem Flipchartblatt habe ich unsere Diskussion zusammengefasst. Heute werden wir uns damit auseinandersetzen, welche Elemente gegeben sein müssen, damit eine Person selbstständig lernen kann. Sie alle waren schon mehrmals in der Situation, eine Aufgabe ohne Hilfe von außen, also selbstständig, erledigen zu müssen.
Einzelne Schritte werden genau erklärt: Hier wird festgelegt, welche Kriterien zu erfüllen sind, damit die Aufgabe gut gelöst wird.	Die Aufgabe: 1. Schreiben Sie zehn bis fünfzehn Begriffe auf, die Ihnen spontan zum selbstständigen Lernen einfallen. 2. Erstellen Sie anschließend eine Grafik, in der die Zusammenhänge zwischen den Begriffen verdeutlicht werden. 3. Stellen Sie Ihr Modell dem Banknachbarn oder der Nachbarin vor. Vergleichen Sie die beiden Modelle miteinander. Ergänzen Sie Ihr Modell falls nötig und beschreiben Sie «selbstständiges Lernen» in fünf bis acht Sätzen.
Zeitangaben, Medien und Arbeitsformen: Werden aufgeführt.	Zeit: 25 Minuten Arbeitsform: zuerst Einzel-, dann Partnerarbeit Produkt: A4-Blatt, eigenes Modell grafisch dargestellt
Weitere Angaben: Selbstkontrolle, Art der Hilfestellung durch Lehrkraft u. a.	

Tabelle 8: Beispiel eines gut aufgebauten Arbeitsauftrags

Ein Arbeitsauftrag kann auch nur einzelne der aufgeführten Elemente enthalten. Beispielsweise kann die Lehrkraft im Sinne eines offenen Arbeitsauftrags nur die Problemstellung in den Unterricht einbringen. Die Schülerinnen oder Schüler werden dazu ermuntert, selbst den Lernweg zu suchen und eigene Formen der Präsentation zu finden. Es stellt sich immer wieder die Frage, ob Arbeitsaufträge auch mündlich erteilt werden können. Ist die Aufgabe komplex und verfügen die Schülerinnen und Schüler über wenig Vorwissen, so ist es angebracht, den Auftrag schriftlich zu formulieren.

Arbeitsaufträge als Katalysatoren des Lernens fordern die Lernenden idealerweise heraus, ohne sie zu überfordern. Maier, Kleinknecht, Metz und Bohl (2010) haben ein fächerübergreifendes Klassifikationssystem zur Analyse des kognitiven Potenzials von Aufgaben entwickelt. Tabelle 9 zeigt dieses Instrument im Überblick. Die Ausprägungen der verschiedenen Dimensionen werden anschließend kurz erläutert.

Dimension	Ausprägungen			
Wissensart	Fakten	Prozeduren	Konzepte	Metakognition
Kognitiver Prozess	Reproduktion	naher Transfer	weiter Transfer	Problemlösen
Wissenseinheiten	eine WE	bis zu vier WE		mehr als vier WE
Offenheit	definiert/konvergent	definiert/divergent		ungenau/divergent
Lebensweltbezug	kein	konstruiert	authentisch	real
Sprachlogische Komplexität	niedrig	mittel		hoch
Repräsentationsformen	eine	Integration		Transformation

Tabelle 9: Allgemeindidaktisches Kategoriensystem zur Analyse des kognitiven Potenzials von Aufgaben (Maier, Kleinknecht, Metz & Bohl 2010, S. 90)

Die Ausprägungen der sieben Dimensionen umschreiben Maier, Kleinknecht, Metz und Bohl (2010, S. 86 ff.) folgendermaßen:

Wissensart:
- Fakten: verbalisierbares Fachwissen (Begriffe)
- Prozeduren: in der Regel nicht verbalisierbares (implizites) Handlungswissen (Können)
- Konzepte: vielfach vernetztes Begriffswissen
- Metakognition: Wissen über eigenes Lernen und die Fähigkeit, den eigenen Lernprozess zu steuern

Kognitiver Prozess:
- Reproduktionsaufgaben: Abrufen von Wissen in allen vier Wissensarten
- Naher Transfer: Aufgabensituation mit geringer Abweichung von bekannten und geübten Aufgaben
- Weiter Transfer: Anwendung von vorhandenem Wissen in einer neuen, unbekannten Situation
- Problemlösen: neues Wissen muss zuerst erarbeitet werden, bevor das Problem gelöst werden kann

Wissenseinheiten:
- Eine Wissenseinheit: ein Begriff/Fakt, ein Konzept, eine Prozedur
- Bis zu vier Wissenseinheiten: bis zu vier Begriffe/Fakten, Konzepte, Prozeduren oder Kombinationen davon
- Mehr als vier Wissenseinheiten: mehr als vier Begriffe/Fakten, Konzepte, Prozeduren oder Kombinationen davon

Offenheit:
- Definierte und konvergente Aufgaben: klar definierte Aufgabe mit einer einzigen Lösung
- Definierte und divergente Aufgabe: klar definierte Aufgabe mit mehreren möglichen Lösungen
- Ungenau definierte Aufgabe, divergente Lösung: offenen Aufgabe (reale Problemsituation, unscharfes Problem) mit mehreren möglichen Lösungen

Lebensweltbezug:
- Kein Lebensweltbezug: Kein Bezug zur Lebenswelt der Lernenden
- Konstruierter Lebensweltbezug: erfundener Bezug zur Lebenswelt, die nicht jener der Lernenden entspricht
- Konstruierter, aber authentischer Lebensweltbezug: erfundener Bezug zur Lebenswelt der Lernenden
- Realer Lebensweltbezug: Lösung realer Probleme der Lernenden

Sprachlogische Komplexität:
- Einfache sprachlogische Komplexität: wenig Text, einfache Sprache (Lexikon, Syntax, Satzgefüge), Reihenfolge der Sätze entspricht der Aufgabenbearbeitung
- Mittlere sprachlogische Komplexität: anspruchsvolle Texte, Reihenfolge der Sätze entspricht nicht immer der Aufgabenbearbeitung, zum Teil irrelevante Angaben
- Hohe sprachlogische Komplexität: komplexe Sprache, Reihenfolge der Sätze entspricht überhaupt nicht der Aufgabenbearbeitung (die logischen Bezüge der Aufgabe sind durch Sprache verdeckt)

Repräsentationsformen (sprachlich, ikonisch, enaktiv):
- Eine Repräsentationsform: Aufgabe in einer Repräsentationsform (zum Beispiel Text)
- Integration verschiedener Repräsentationsformen: verschiedene Repräsentationsformen müssen im Hinblick auf die Lösung integriert werden (zum Beispiel Aufgabe mit Text und Grafik)
- Transformation in eine andere Repräsentationsform: die Lösung erfordert eine Repräsentationsform, die nicht durch die Aufgabe vorgegeben wird

Unterstützung durch die Lehrkraft

Ein Arbeitsauftrag wird erteilt; die Schülerinnen und Schüler befassen sich damit und merken, dass sie die Aufgabe noch nicht lösen können. Sie erfahren Lernwiderstände und unternehmen verschiedene Versuche, das Problem zu bewältigen.

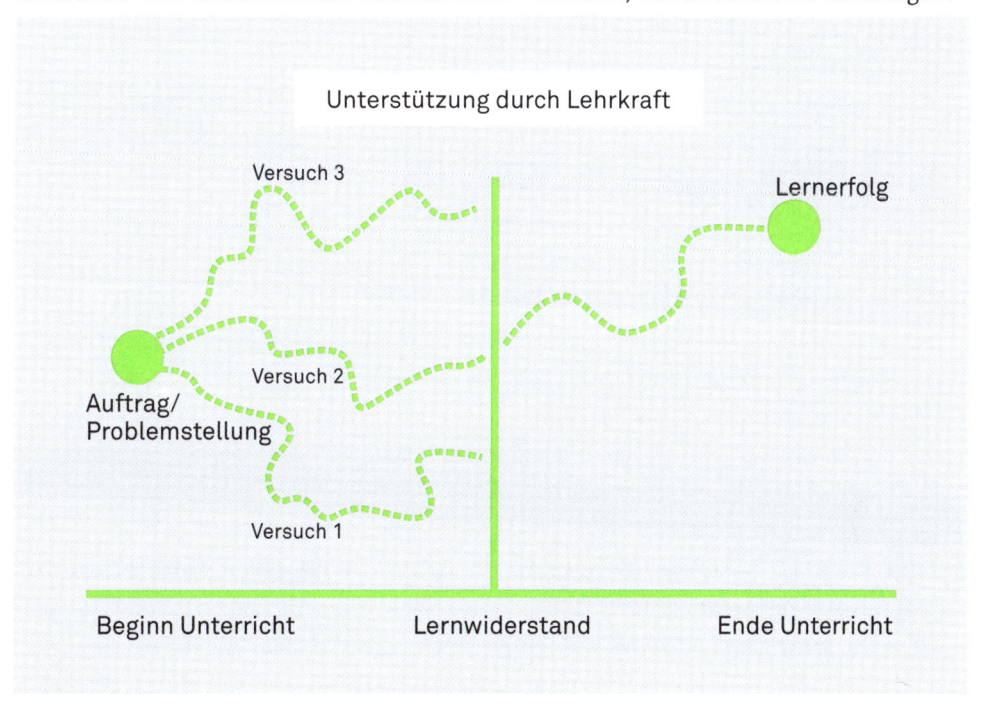

Abbildung 8: Unterstützung durch die Lehrkraft

Zu Beginn hält sich die Lehrkraft mit ihren Hilfsangeboten zurück. Sie geht nach dem Prinzip der «minimalen Lernhilfen» vor (Becker 2011b). Beispielsweise fordert sie die Schülerinnen und Schüler auf, die Aufgabenstellung nochmals genau durchzulesen und sie in eigenen Worten wiederzugeben. Durch dieses Vorgehen wird bald ersichtlich, an welcher Stelle Probleme auftreten. Oft genügt ein punktueller Hinweis auf die Arbeitsweise, auf mögliche Informationsquellen oder auf die Inhaltsstruktur. Einige Schüler und Schülerinnen sind nach minimalen Hilfestellungen bereits in der Lage, die Barriere oder den Lernwiderstand mit eigenen Ressourcen zu bewältigen (→ Abbildung 8).

Bei anderen Schülern und Schülerinnen muss die Lehrkraft weitere Hilfestellungen anbieten. Beispielsweise wird der erste Lernschritt gemeinsam besprochen. Die Schülerinnen und Schüler wissen, dass sie jetzt auf dem richtigen Weg sind, und sind motiviert, weiterzuarbeiten. Schließlich wird es auch Schülerinnen und Schüler geben, die auf maximale Hilfestellung der Lehrkraft angewiesen sind. Bei dieser Gruppe zeigt sich, dass die wesentlichen Vorkenntnisse zum Bearbeiten des Arbeitsauftrags fehlen. In diesem Fall kann sich die Lehrkraft zu dieser Gruppe setzen und mit den Schülern und Schülerinnen gemeinsam die einzelnen Schritte durchgehen.

Lernhilfen geben
- Die Aufgaben nochmals durchlesen lassen.
- Das Vorwissen aktualisieren.
- Die Lehrkraft zeigt sich zuversichtlich, dass die Lernenden die Aufgabe- oder Problemstellung lösen können.
- Schülerinnen und Schüler werden aufgefordert, die Aufgabe mit eigenen Worten wiederzugeben.
- Die Aufgabe wird gemeinsam in Teilaufgaben zerlegt.
- Die Lehrkraft gibt einen Hinweis auf mögliche Informationsquellen oder Tipps zum weiteren Vorgehen.
- Sie spricht mit den Schülerinnen und Schülern über ein mögliches Vorgehen. Verschiedene Lösungsvariationen werden gemeinsam erarbeitet.
- Die Lehrkraft gibt den ersten Schritt vor; sie zeigt, wie etwas gemacht werden kann.
- Sie löst zusammen mit den Schülerinnen und Schülern den Arbeitsauftrag.

Bei der Auswahl der Lernhilfen nimmt die Lehrkraft Rücksicht auf die Lernvoraussetzungen der Schülerinnen und Schüler. Vor allem in heterogenen Gruppen besteht die Schwierigkeit darin, die Hilfen so anzusetzen, dass die leistungsstärkeren Schülerinnen und Schüler nicht unterfordert werden und sich durch die Lehrkraft nicht gegängelt fühlen. Ein möglicher Weg liegt darin, dass sie den Unterricht differenziert und die Klasse in verschiedene Gruppen einteilt. In → Instrument 7.1 finden Sie einige Anregungen, wie im Unterricht das Prinzip der Differenzierung angewendet werden kann. In → Instrument 5.8 zeigen wir, nach welchen Kriterien die Gruppen innerhalb einer Klasse zusammengesetzt werden können.

Üben, Wiederholen und Festigen
Beim Üben geht es darum, das bestehende Wissen und Können zu festigen und die Struktur eines Lernfeldes aus verschiedenen Perspektiven zu betrachten und zu verstehen. Um dies zu ermöglichen, werden verschiedene Übungsformen eingesetzt. Durch mehrmaliges Durcharbeiten des Unterrichtsstoffs und Anwenden

des Gelernten in unterschiedlichen Situationen erfassen die Lernenden ein Thema ganzheitlich. Wenn Üben erfolgreich sein soll, müssen mehrere Bedingungen erfüllt sein (Hattie & Zierer 2019; Meyer 2019). Der Übungsgegenstand muss erstens eine *Bedeutung* für die Lernenden haben. Sie müssen verstehen, warum sie üben. Häufig führt gerade das Üben zu einer größeren Motivation und Konzentration der Lernenden. Zweitens fällt das Üben allen leichter, wenn zuvor im Unterricht ein *Thema systematisch erarbeitet* wurde. Sinnvolle und gut strukturierte Zusammenhänge lassen sich leichter merken als zusammenhanglose Informationen. Drittens wird erfolgreicher gelernt, wenn *regelmäßig* geübt wird. Übungsphasen gehören immer dazu. Sie runden den Unterricht ab, und die Lernenden erkennen, was sie wirklich verstanden haben und an welchen Stellen sie nochmals ansetzen müssen. Zur Festigung der erarbeiteten Strukturen stehen verschiedene Möglichkeiten zur Verfügung (Paradies, Linser & Greving 2019):

- Den gesamten Prozess nochmals durcharbeiten, auch in umgekehrter Richtung (von hinten nach vorn).
- Einen Spickzettel erstellen, das heißt, das Wesentliche in eigenen Worten ganz kurz darstellen.
- Mit einer Lernkartei arbeiten und sich somit die Begriffe einprägen.
- Mittels Grafiken, Mindmaps oder Diagrammen einen Sachverhalt bildlich darstellen.
- Einem Lernpartner oder einer -partnerin einen Sachverhalt erklären.

In den letzten Jahren galt das Auswendiglernen als überholt. Warum sollen Lernende etwas auswendig lernen, wenn die Begriffe und Zusammenhänge knapp und klar im Lehrmittel dargestellt sind? Diese Auffassung muss dringend korrigiert werden: «Es wird nicht aus Not auswendig gelernt, weil man etwas nicht verstanden hat und trotzdem behalten sollte, sondern weil Verstandenes abruf- und einsatzbereit gehalten werden muss» (Steiner 2007, S. 75; Hattie & Zierer 2019; Lehner 2020).

Erfolgskontrollen

Erfolgskontrollen sind Bestandteil jedes Lehr- und Lernprozesses. Sie bieten den Schülern und Schülerinnen und auch der Lehrkraft Gelegenheit, darüber nachzudenken, was gelehrt und gelernt wurde. Erfolgskontrollen haben *formativen* Charakter und unterscheiden sich deutlich von sogenannten Prüfungen oder Leistungsmessungen. Durch Erfolgskontrollen erhält die Lehrkraft Rückmeldung über den Lernfortschritt der Schülerinnen und Schüler. So kann sie ihr Lehrtempo dem Tempo der Lernenden anpassen und den schwächeren Schülerinnen und Schülern gezielt Hilfe anbieten. Aber auch die Lernenden möchten Auskunft über den Erfolg ihrer Bemühungen erhalten. Sie möchten erfahren, wo sie sich verbessert haben und wie sie Kompetenzen verstärken können. «Erfolg beim Lernen» ist ein zentraler Faktor, der das Verhältnis der Lernenden zur Schule positiv beeinflusst und dazu führt, dass nachhaltiger und effizienter gelernt wird.

> **Umsetzungsvorschläge für Erfolgskontrollen**
> - Die Schülerinnen und Schüler werden aufgefordert, sich gegenseitig Fragen zu stellen.
> - Die Lehrkraft teilt einen Fragebogen aus.
> - Die Schülerinnen und Schüler stellen auf einer Folie die wichtigsten und interessantesten Punkte aus dem Unterricht vor.
> - Die Lehrkraft lässt eine Liste mit offengebliebenen Fragen erstellen.
> - Die Schülerinnen und Schüler erstellen als Hausaufgabe je fünf Repetitionsfragen zum Unterricht.
> - Die Schülerinnen und Schüler führen ein Lernjournal. Die Lehrkraft sammelt am Ende des Schultages die Hefte ein und formuliert für jeden Lernenden eine individuelle Rückmeldung.

Für gute Leistungen und große Anstrengungen erwarten die Schülerinnen und Schüler von der Lehrkraft anerkennende Worte. Deren Rückmeldung darf nicht nur allgemeiner Art sein wie: «Ich bin mit Ihnen sehr zufrieden», sondern muss sich auf die konkrete Leistung beziehen: «Diesen Text haben Sie fehlerfrei geschrieben, Sie haben alle Merkmale der Beschreibung eins zu eins umgesetzt, sehr gut!» Die Rückmeldung kann sich auch auf das beobachtete Lernverhalten oder auf die Beteiligung am Unterricht beziehen. Bei ungenügenden Leistungen soll die Lehrkraft durchaus auch ihr Unbehagen oder ihre Unzufriedenheit zum Ausdruck bringen (Steiner 2007, S. 61). Hier ist es besonders wichtig, dass sich Rückmeldungen nur auf inhaltliche Aspekte, nie auf die Person beziehen. Die Lehrkraft zeigt, was unvollständig oder nicht korrekt ist, und begründet ihre Beurteilung. Aussagen wie «Sie sind wirklich unbegabt!» sind auf jeden Fall zu vermeiden.

Lernjournal

In vielen Lehrplänen wird vorgegeben, dass die Schülerinnen und Schüler mit einem Lernjournal arbeiten sollen.

Ein Lernjournal hat den Charakter eines Tagebuchs. Die Schülerinnen und Schüler halten während mehrerer Wochen fest, was sie gemacht haben. Sie schreiben ihre Erfahrungen zum Vorgehen nieder und machen sich Gedanken darüber, wie eine Arbeit fortgesetzt werden kann oder welche Arbeitstechnik sich im Rückblick besonders bewährt hat. Die Lehrkraft hat die Möglichkeit, die Lernjournale einzusammeln und den Schülern und Schülerinnen in Form eines Kommentars eine Rückmeldung zu geben. Ein Lernjournal hat aus didaktischer Sicht die Funktion, zum bewussten Nachdenken über das eigene Lernen anzuleiten. In der Fachsprache spricht man von *Metakognition*. Durch Beobachten des eigenen Handelns lassen sich Lern- und Denkprozesse analysieren. Ausgehend von diesen Erfahrungen sollen die Schülerinnen und Schüler die nächsten Arbeitsschritte gezielt planen (Ziele setzen, einen Plan erstellen, mögliche Schwierigkeiten voraussehen usw.), den Arbeitsprozess selbst überwachen, beurteilen und daraus Folgerungen für das weitere Vorgehen ziehen.

> **Eintrag im Lernjournal von Sabina zum Projekt «Schweiz – EU»**
>
> Bei der Prüfungsvorbereitung haben wir uns zu stark mit unseren eigenen Themen beschäftigt. Somit hatten wir zu wenig Kenntnisse vom Fachgebiet der Lernpartnerin. Es war auch nicht ganz leicht, das Fachgebiet, das man nicht selbst erarbeitet hatte, zu lernen. Bei einer nächsten Arbeit werde ich mich von Beginn an vermehrt um den Teil meiner Kollegin kümmern. Es lohnt sich auch, die erarbeiteten Unterlagen frühzeitig im Entwurf auszutauschen und gegenzulesen. Wir haben die Informationen zum Thema «Schweiz – EU» beschafft. Nicole hat die Perspektiven zum freien Personenverkehr zusammengefasst und ich habe mich speziell mit der Friseurbranche auseinandergesetzt. Dabei haben wir Leitfragen aufgestellt und versucht, diese zu beantworten. Fachausdrücke aus den Texten haben wir mithilfe des Lexikons beantwortet oder unseren Lehrer gefragt. Mit dieser Vorgehensweise sind wir schnell vorangekommen. Schwierigkeiten hatten wir, als wir versuchten, die wichtigsten Punkte zusammenzustellen. Was ist jetzt genau das Wesentliche? Diese Frage hat uns am meisten Schwierigkeiten bereitet. Nach der Besprechung mit dem Lehrer konzentrierten wir uns auf die Leitfragen und notierten Kontrollaufgaben. Jetzt konnten wir eine Struktur zeichnen und hatten so eine Übersicht.

Eine sorgfältige und stufengerechte Einführung in die Arbeit mit dem Lernjournal ist unbedingt notwendig. Als Einstieg kann beispielsweise ein einfaches Arbeitsjournal geführt werden, in dem die Lernenden ihr Lernen nicht mit einem eigenem Text, sondern durch Ankreuzen von vorgegebenen Kategorien beurteilen. Ausgehend von dieser einfachen Analyse des eigenen Lernverhaltens, werden dann für das Arbeiten mit dem Lernjournal individuelle Beobachtungspunkte ausgewählt, auf die im Verlauf des Arbeitsprozesses immer wieder eingegangen wird. Die Selbstbeobachtungen werden durch einen Erfahrungsaustausch in Kleingruppen und durch die Kommentare der Lehrkraft ergänzt. Letztere sollte darauf achten, wie sie ihre Rückmeldungen formuliert. Auf eine interessante Idee, eine gute Antwort oder eine sinnvolle Analyse sollte sie positiv reagieren und immer konkret formulieren, worauf sie ihr Urteil stützt. Sie kann aber auch ihre persönliche Freude und Zufriedenheit zum Ausdruck bringen. Ist ein Eintrag fehlerhaft, so greift sie korrigierend ein und gibt präzise Hinweise. Dabei orientiert sie sich an der Sache; pauschale Urteile sollen auf jeden Fall vermieden werden.

Instrumente – Anregungen zu den Zusatzmaterialien

Die Zusatzmaterialien können über mehr.hep-verlag.com/unterrichten heruntergeladen werden.

7.1 Differenzieren im Unterricht

Jeder Mensch lernt auf seine Weise. Deshalb ist eine Differenzierung im Unterricht nötig. In der Regel unterscheiden wir zwischen äußerer und innerer Differenzierung. Die äußere Differenzierung betrifft die Einteilung der Schüler und Schülerinnen in Jahrgangsklassen, Leistungs- und Neigungsgruppen. Bei der inneren Differenzierung geht es um Maßnahmen, die innerhalb einer Klasse getroffen werden können. Dabei sind zwei Grundformen zu unterscheiden, die einander nicht ausschließen, sondern kombiniert werden können. Wir zeigen, wie die Differenzierung im Unterricht umgesetzt werden kann.

7.2 Über den Unterricht sprechen

Wenn der Lernprozess stockt, ist ein Gespräch mit der ganzen Klasse über den Unterricht notwendig. Wir haben dazu ein Instrument entwickelt, mit dem sich die Schülerinnen und Schüler schriftlich zum Unterricht äußern können. Als Grundlage für ein Gespräch können einzelne Kriterien herausgegriffen und thematisiert werden.

7.3 Mit Kritik umgehen können

Bestimmt sind Sie schon einmal von Kolleginnen oder Kollegen kritisiert worden. Oder Sie haben das Verhalten eines Schülers oder einer Schülerin kritisiert. Wir zeigen, auf welche Punkte Sie achten sollten, wenn Sie im Unterricht eine Kritik anbringen, und wie es Ihnen selbst (besser) gelingt, Kritik anzunehmen.

7.4 Aus Fehlern lernen

Im Unterricht ist der konstruktive Umgang mit Fehlern von großer Bedeutung. Denn das Fehlermachen befördert und stärkt das positive Wissen. Anders ausgedrückt: «Nur wer weiß, was er nicht darf, weiß wirklich, was er tun soll, damit etwas gelingt» (Fritz Oser). Wie gelingt es uns, im Unterricht mit Fehlern so umzugehen, dass daraus positive Effekte für das Lernen entstehen? Wir haben dazu einige Anregungen zusammengestellt.

7.5 Lernstrategien fördern – ein Modell in fünf Phasen

Wie können Lernstrategien im Unterricht aufgebaut und gefördert werden? Wir führen ein Modell mit fünf Phasen auf.

8
LERNKONTROLLEN DURCHFÜHREN

8 Lernkontrollen durchführen

Abschließend beschäftigen wir uns mit der Frage, wie Leistungen überprüft werden können. Zuerst diskutieren wir grundlegende Themen im Zusammenhang mit Prüfen und Bewerten. Dann zeigen wir, wie Lernkontrollen vorbereitet, durchgeführt und ausgewertet und wie Schülerinnen und Schüler zur Selbstbeurteilung angeregt werden können. Im letzten Abschnitt gehen wir auf die Merkmale einer erweiterten Prüfungskultur ein.

Lernkontrollen – eine Begriffsklärung

Lernkontrollen lassen sich in zwei Gruppen unterscheiden: Auf der einen Seite stehen die *formativen* Erfolgskontrollen, die innerhalb einer längeren Unterrichtssequenz mehrmals durchgeführt werden (siehe AVIVA-Phase «Auswerten»). Die Lehrkraft gibt beispielsweise schriftliche Rückmeldungen zu einzelnen Aufgaben oder bespricht mit einer Gruppe die Zwischenergebnisse ihrer Arbeit. Noten werden dabei nicht vergeben. Die *summativen* Leistungsbeurteilungen werden meistens am Ende einer längeren Unterrichtssequenz durchgeführt. Die Rückmeldung zur Leistung erfolgt in Form einer präzisen Angabe (Note oder Bericht), die aufzeigt, ob das Gelernte von den Schülerinnen und Schülern beherrscht wird. Tabelle 10 stellt beide Gruppen gegenüber:

	Erfolgskontrollen	Prüfungen oder Leistungsbeurteilungen
Funktion	*Formativ:* Der Lernende oder die Gruppe erhält eine individuelle Rückmeldung.	*Summativ:* Abschließende Beurteilung, meistens in Form einer Note.
Durchführung	Mehrmals innerhalb einer Unterrichtssequenz, meistens am Ende einer kleineren Unterrichtseinheit.	Einmal, am Ende einer längeren Unterrichtseinheit.
Beurteilung von	– Kenntnissen – Fertigkeiten – Haltungen	– Kenntnissen – Fertigkeiten

Tabelle 10: Gegenüberstellung Erfolgskontrollen – Prüfungen

Das Beurteilen von Leistungen gehört zu den anspruchsvollsten Aufgaben, die eine Lehrkraft zu meistern hat. Während es bei den Erfolgskontrollen vor allem auf Sensibilität, Einfühlungsvermögen und Beobachtungsfähigkeit ankommt, muss eine Prüfung bestimmten Anforderungen entsprechen.

Gütekriterien – Anforderungen an gute Prüfungen

Als Hauptanforderungen an Prüfungen werden in der Fachliteratur *Gültigkeit* und *Zuverlässigkeit* genannt (Bohl 2009; Becker 2007; Sacher 2014; Walzik 2012; Jürgens & Lissmann 2015; Städeli & Pfiffner 2018; Augsburger, Caduff & Plüss 2018). Ergänzt werden diese beiden Hauptkriterien durch die Kriterien *Ökonomie* und *Chancengerechtigkeit* (→ Abbildung 9).

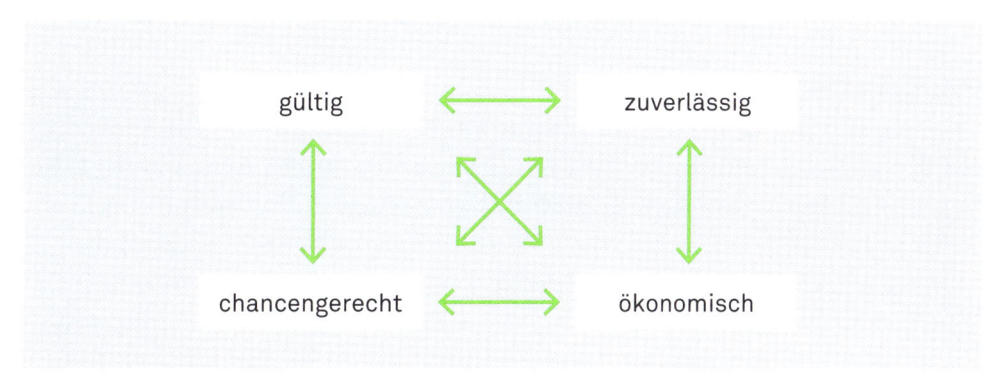

Abbildung 9: Anforderungen an Prüfungen

Gültigkeit

Geprüftes Wissen und geprüfte Fertigkeiten müssen dem entsprechen, was die Schüler und Schülerinnen gemäss Schullehrplan beherrschen sollen. Dies erfordert einerseits eine angemessene Streuung von Prüfungsaufgaben über die relevanten Themen und andererseits Inhalte und Fertigkeiten beziehungsweise Prozesse, die so gestaltet sind, dass sie den Lern- und Lehrprozessen des Unterrichts entsprechen.

Zuverlässigkeit und Objektivität

Lernkontrollen sollen das, was sie messen, fehlerfrei erfassen, das heisst, es sollen keine Messfehler auftreten, die das Prüfungsergebnis und letztlich dessen Bewertung verfälschen. Für alle Schülerinnen und Schüler sind gleichartige Bedingungen in der Durchführung, Auswertung und Interpretation anzustreben. Vollkommene Zuverlässigkeit und Objektivität wären dann erreicht, wenn verschiedene Prüfer einem Kandidaten oder einer Kandidatin die gleiche Punktezahl (oder Note) geben würden.

Ökonomie

Zeitaufwand und Materialverbrauch für die Durchführung und Auswertung einer Prüfung sollten sich in vertretbaren Grenzen halten. Eine Prüfung ist dann ökonomisch, wenn sie möglichst wenig Konstruktionsaufwand beansprucht, die Bearbeitungszeit möglichst kurz ist, möglichst viele Prüflinge gleichzeitig geprüft werden können und sich die Ergebnisse möglichst schnell und bequem auswerten lassen. Mit dem Argument der Ökonomie darf jedoch die Forderung nach gültigen und zuverlässigen Prüfungen nicht ausgehebelt werden.

Chancengerechtigkeit

Eine Lernkontrolle soll die Lernmöglichkeiten der Schüler und Schülerinnen erfassen, und soll daher den schulischen oder betrieblichen Lernbedingungen entsprechen. Aus den Überlegungen zum Kriterium «Chancengerechtigkeit» lässt sich das Prinzip «wer lehrt, prüft» ableiten. Damit ist beispielsweise gemeint, dass die Schlussprüfungen dezentral und schulhausintern vorbereitet und ausgewertet werden.

Prüfungsformen

Es lassen sich grundsätzlich drei Formen von Prüfungen unterscheiden: schriftliche Prüfungen, mündliche Prüfungen und Praxistests. Nachfolgend werden deren Vor- und Nachteile kurz dargestellt (Walzik 2012; Jürgens & Lissmann 2015).

- Bei schriftlichen Prüfungen ist die Durchführungsobjektivität hoch, da die Aufgaben schriftlich vorliegen, das heißt, sie sind unabhängig von Einflüssen der prüfenden Person. Die schriftliche Form hat zudem den Vorteil, dass die Aufgabe mehrmals gelesen und die Lösung bei der Beurteilung mehrfach durchgesehen werden kann. Eher problematisch ist die Auswertungs- und Interpretationsobjektivität bei offenen Aufgaben (→ Seite 79).
- Mündliche Prüfungen bringen den zusätzlichen Faktor der sozialen Interaktion mit ihren Inhalts- und Beziehungsbotschaften mit sich. Wenn diese richtig interpretiert werden, ist dies ein großer Vorteil beim Prüfen. Im gegenteiligen Fall kann es allerdings zu einem großen Problem werden. Bei mündlichen Prüfungen muss die Möglichkeit der Adaptivität genutzt werden, indem das Frageverhalten an die geprüfte Person angepasst wird. Nachteilig an mündlichen Prüfungen sind – neben dem Problem von Urteilsfehlern, das bei allen Prüfungen vorliegt – die mangelhaften Gütekriterien (Objektivität, Validität). Insbesondere aber ist es kaum möglich, gleichzeitig mehrere Kriterien wahrzunehmen und zu beurteilen.
- Praxistests (oft auch handlungsorientierte Prüfungen genannt) prüfen Fähigkeiten beziehungsweise Kompetenzen in möglichst realitätsnahen Testsituationen. Vorteil dieser Prüfungsart ist, dass vollständige Handlungen (sich informieren, analysieren, entscheiden, ausführen, kontrollieren und bewerten, vgl. Walzik 2012, S. 37 ff.) und damit echtes Können geprüft werden können. Allerdings stellt die Beobachtung (insbesondere des Verhaltens) hohe Anforderungen an die Prüfer. Zudem gilt: je realitätsnäher die Aufgabe ist, umso höher ist der Prüfungsaufwand, was nicht im Sinne der Prüfungsökonomie ist.

Ein sehr empfehlenswertes Buch zur Gestaltung verschiedener Prüfungsformen haben Julia Gerick, Angela Sommer und Germo Zimmermann (2018) herausgegeben. Es richtet sich zwar an Hochschullehrerinnen und -lehrer, doch ist es unseres Erachtens auch sehr nützlich für das Prüfen auf der Sekundarstufe II. Insgesamt werden 53 Prüfungsformate (zum Beispiel 24-Stunden-Hausarbeit, Blogbeitrag, Poster, E-Klausur, Musterlösungen erstellen, Videos analysieren und Analyseergebnisse präsentieren) nach ihrer Form (mündlich, schriftlich, praktisch) und Eignung (Fachkompetenz, Methodenkompetenz, Sozialkompetenz und Selbstkompetenz) kategorisiert und ausführlich vorgestellt (Beschreibung der Form, Anwendungsmöglichkeiten, Beispiele, Grenzen und mögliche Stolpersteine).

Prüfungen vorbereiten

Die Schülerinnen und Schüler brauchen konkrete Hinweise, welche Inhalte geprüft werden, welche Seiten aus dem Lehrmittel und welche Arbeits- und Zusatzblätter für die Vorbereitung herangezogen werden können (vgl. Städeli & Pfiffner 2018; Städeli, Venutti, Rossetti & Caduff 2022). Sinnvoll ist auch, bekannt zu geben, ob nur geprüft wird, was im Unterricht besprochen wurde, oder ob die erworbenen Kenntnisse und Inhalte auch auf neue Fragestellungen zu übertragen sind. Zur Vorbereitung gehört das Informieren über die Art der Aufgaben. Die Schülerinnen und Schüler sollen wissen, ob in einer Prüfung mehrheitlich offene oder geschlossene Aufgaben gestellt werden und in welcher Weise Problembearbeitungsaufgaben zu lösen sind. Die Beurteilungskriterien müssen allen bekannt sein. Auch Lerntipps gehören zur Prüfungsvorbereitung. In den Übungsstunden kann die Lehrkraft mit den Lernenden einen Lernplan aufstellen, Strategien zum Repetieren besprechen und zusätzliches Übungsmaterial zur Verfügung stellen.

Die Prüfungsvorbereitung mit der Klasse
- Termin rechtzeitig bekannt geben,
- das Thema eingrenzen,
- die Ziele umschreiben,
- mit den Schülern üben,
- die Aufgabenarten transparent machen,
- Schüler selbst Prüfungsfragen formulieren lassen,
- die Punktevergabe erläutern,
- Beurteilungskriterien nennen,
- erlaubte Hilfsmittel benennen,
- zur Bildung von Lerngruppen anregen,
- konkrete Lernhilfen geben,
- Erfolgszuversicht ausstrahlen.

Die Vorbereitung durch die Lehrkraft oder das Schulhausteam
- Aufgabenarten variieren,
- geschlossene und offene Formen berücksichtigen,
- Art der Lernleistung einschätzen,
- Aufgaben verständlich formulieren,
- Beurteilungskriterien festlegen,
- den einzelnen Aufgaben Punktwerte zuordnen,
- die Aufgaben in eine sinnvolle Reihenfolge bringen,
- Auswertungsökonomie bedenken.

Kernstück einer guten Prüfung sind klar formulierte Aufgabenstellungen (→ Kapitel 7, Abschnitt *Arbeitsaufträge*). Wie kann die Qualität der Aufgaben überprüft werden? Wir haben dazu eine Checkliste erarbeitet (→ Instrument 8.1), in der die wichtigsten Regeln für die Formulierung von Prüfungsaufgaben kurz beschrieben werden. Beim Formulieren von Aufgaben ist darauf zu achten, dass das Anspruchsniveau (→ Kapitel 2, Abschnitt *Lernziele*) variiert (→ Taxonomie nach Bloom). Besteht eine Prüfung nur aus Kenntnisaufgaben, wird sie den Anforderungen an eine gute Prüfung nicht genügen. Wir gehen deshalb nochmals auf die kognitive Taxonomie von Bloom ein (→ Kapitel 2, Abschnitt *Formulierung von Lernzielen*) und zeigen an einem konkreten Beispiel, wie Anspruchsniveau und Schwierigkeitsgrad festgelegt werden können.

Art der Denkleistung (Anspruchsniveau)	Beispiel einer Aufgabenstellung Thema: die Kartoffel	Mögliche Aufgabenformen (für das entsprechende Anspruchsniveau gut geeignet)
1. *Kenntnisaufgaben:* Hier geht es um das Erinnern. Die Schülerinnen und Schüler sind in der Lage, das zuvor Gelernte so wiederzugeben oder abzurufen, wie sie es gelernt haben: – etwas aufzählen – etwas nennen – im Unterricht eingeübte Regel am gleichen Beispiel wieder anwenden – etwas in einer Zeichnung oder Abbildung bezeichnen	Im Unterricht haben wir den Nährwert von Kartoffeln erarbeitet. Wie gross ist der Energiewert von 100 g Kartoffeln?	– Richtig-Falsch-Aufgaben – Mehrfachwahlaufgaben – Zuordnungsaufgaben – Vervollständigungsaufgaben – Kurzantwortaufgaben

Art der Denkleistung (Anspruchsniveau)	Beispiel einer Aufgabenstellung Thema: die Kartoffel	Mögliche Aufgabenformen (für das entsprechende Anspruchsniveau gut geeignet)
2. *Verständnisaufgaben:* Hier können die Schülerinnen und Schüler zeigen, dass sie die gelernten Informationen auf einen sprachlich neuartigen, strukturell gleichen Inhalt übertragen bzw. die gelernte Information sinngemäß darstellen können: – etwas zusammenfassen – etwas erklären – etwas begründen – etwas interpretieren	Warum machen Kartoffeln nicht dick?	Kurzantwortaufgaben mit gezielten Fragestellungen: – Warum machen …? – Wieso haben …? – Erklären Sie in eigenen Worten … – Erläutern Sie drei …? – Mehrfachwahlaufgaben
3. *Anwendungsaufgaben:* Die Schülerinnen und Schüler sollen hier die gewonnenen Einsichten auf einen anderen Sachverhalt oder ein anderes Gebiet übertragen.	Stellen Sie zwei Mahlzeiten mit Kartoffelgerichten zusammen, bei denen Kartoffeln nicht dick machen.	– Mehrfachwahlaufgaben – kurze Bearbeitungsaufgaben
4. *Analyseaufgaben:* Hier untersuchen die Schülerinnen und Schüler einen Sachverhalt. Sie müssen dabei die Struktur durchschauen und in die grundlegenden Bestandteile zerlegen. Vielfach geht es auch darum, dass sie das zugrunde liegende Prinzip herausfinden und Zusammenhänge erklären können.	Vor Ihnen liegt ein Speiseplan der Krankenhausküche A vom 25. Dezember. In dieser Küche werden pro Tag über 500 Mahlzeiten zubereitet. Untersuchen Sie den Speiseplan und legen Sie dar, wie die Zubereitung der Kartoffeln bei der Menügestaltung berücksichtigt wurde.	Ausführliche Bearbeitungsaufgaben: – Berichte von Experten vorlegen – eine offene Problemstellung vorgeben – Vergleiche in Form von Tabellen entwickeln lassen, in denen eine eigene Kriterienstruktur erstellt werden muss – Erstellung einer Fehleranalyse

Art der Denkleistung (Anspruchsniveau)	Beispiel einer Aufgabenstellung Thema: die Kartoffel	Mögliche Aufgabenformen (für das entsprechende Anspruchsniveau gut geeignet)
5. *Syntheseaufgaben:* Die Schülerinnen und Schüler entwickeln hier etwas Neues, sind kreativ, durchschauen verschiedene Strukturen und verbinden diese miteinander.	Vor Ihnen liegt ein Speiseplan der Großküche A und der Krankenhausküche B. Vergleichen Sie die beiden Pläne miteinander. Achten Sie dabei besonders auf die Kartoffel- und Reisgerichte. Entwerfen Sie dann einen neuen Speiseplan, der in beiden Großküchen eingesetzt werden kann und in dem Reis und Kartoffeln einen hohen Stellenwert haben.	Ausführliche Bearbeitungsaufgaben: – kurze Fallstudien – fächerübergreifende Fragestellungen – eine Expertise erstellen – ein neues Produkt entwerfen – ein komplexes Problem aus dem Berufsfeld vorlegen
6. *Bewertungsaufgaben:* Die Schülerinnen und Schüler müssen eine Problemstellung durchschauen und in ihre Struktur zerlegen können, Kriterien zur Beurteilung entwerfen und dann ein begründetes Urteil abgeben.	Ihre Kolleginnen und Kollegen haben verschiedene Speisepläne entwickelt (siehe Beispiel Syntheseaufgabe). Vor Ihnen liegen zwei Pläne. Beurteilen Sie die Zweckmäßigkeit der beiden Speisepläne für den Einsatz in einer Großküche. Welcher Plan ist besser?	Ausführliche Bearbeitungsaufgaben: – umfangreicher Fall – Artikel für Fachzeitschrift schreiben, dabei beispielsweise einen Systemvergleich erstellen – Stimmigkeit einer Initiative hinterfragen

Tabelle 11: Anspruchsniveau von Prüfungsaufgaben

Die Stufen 4 bis 6 sind in der Praxis nicht immer scharf voneinander zu trennen. Deshalb werden sie häufig unter dem Begriff «Problembearbeitungsaufgaben» zusammengefasst (Becker 2007), bei denen die Schülerinnen und Schüler mehrere der oben aufgeführten kognitiven Fertigkeiten an einer bestimmten Problemstellung zeigen müssen. Beispielsweise sollen sie ein Zeitungslayout entwickeln und dieses kriterienorientiert selbst beurteilen.

Prüfungen zusammenstellen

Im nächsten Schritt werden die Prüfungsaufgaben zusammengestellt. Besondere Aufmerksamkeit verdient die erste Aufgabe jeder Prüfung. Ist sie zu einfach gewählt, so kann das die Schülerinnen und Schüler nach Becker (2007) zur Oberflächlichkeit verleiten. Ist der Schwierigkeitsgrad zu hoch, besteht die Gefahr, dass «Leistungsschwächere» gleich zu Beginn resignieren. Becker empfiehlt deshalb, am Anfang eine etwas schwierigere Aufgabe zu stellen, die aber im Unterricht zuvor gründlich behandelt wurde und von den meisten Lernenden voraussichtlich richtig gelöst werden wird. Das positive Gefühl, das dabei entsteht, weckt bei den Lernenden die Zuversicht, die Lernkontrolle erfolgreich bearbeiten und abschließen zu können.

Innerhalb einer Prüfung werden Aufgabengruppen gebildet. Drei oder vier Aufgaben zu einem bestimmten Thema ermöglichen es den Lernenden, sich in die Thematik einzudenken und sich mit einem Fragenkomplex vertieft auseinanderzusetzen. Der Unterricht gibt dabei die Struktur vor.

Innerhalb einer Aufgabengruppe werden Aufgaben mit unterschiedlichen Schwierigkeitsgraden gestellt. Steht eine Aufgabe mit offener Bearbeitungsform am Ende der Lernkontrolle, so lassen sich unterschiedliche Bearbeitungszeiten auffangen. Bereits beim Erstellen der Prüfung ist auf Auswertungsökonomie und Bewertung zu achten.

Prüfungen durchführen

Bei der Durchführung der Prüfung ist konsequentes Handeln der Lehrkraft gefordert. Werden die getroffenen Absprachen und Vereinbarungen eingehalten, stabilisiert dies die Lernenden emotional. Sie wissen, dass sie sich auf die Lehrkraft verlassen können.

> **Mögliche Abmachungen:**
> - Sollen Rückfragen der Schülerinnen und Schüler beantwortet oder zurückgewiesen werden?
> - Sollen die Schülerinnen und Schüler am Platz aufgesucht oder nach vorne gebeten werden?
> - Sollen individuelle Lernhilfen gegeben und Zeitangaben gemacht werden?
> - Haben langsamere Schüler und Schülerinnen mehr Zeit, ihre Arbeit fertigzustellen?

Prüfungen auswerten

Beim Korrigieren der Arbeiten verschaffen Sie sich zunächst einen Überblick. Sie können beispielsweise die Arbeit eines sehr guten und die einer eher leistungsschwachen Lernenden durchgehen. Dabei machen Sie sich Gedanken über die Bewertung. Sie überprüfen die Punktezahl, die Sie richtigen Antworten bei der Aufgabenformulierung zugeordnet haben. Auf einem Auswertungsblatt tragen Sie für jeden Lernenden die erreichte Punktezahl pro Aufgabe ein. So können Sie den Schwierigkeitsgrad der Aufgaben einschätzen. Nachdem Sie die Gesamtpunktezahl errechnet haben, bestimmen Sie, ausgehend von den Überlegungen zur Bezugsnorm, die Notenskala, aus der sich die Noten ablesen lassen.

Bezugsnormen

Für die Notengebung werden drei Gütemaßstäbe oder Bezugsnormen unterschieden (Städeli & Pfiffner 2018):

Die soziale oder gruppeninterne Norm

Der Lernerfolg einer Person wird im Vergleich zu den Leistungen der anderen Schülerinnen und Schüler definiert. Erzielt beispielsweise der Schüler A bei einem Mathematiktest 30 Punkte, so ist dies ein hervorragendes Ergebnis, wenn der Mittelwert der Klasse bei 20 Punkten liegt. Bei dieser Bezugsnorm bekäme die gleiche Punktezahl eine ganz andere Bedeutung, wenn der Klassendurchschnitt bei 30 Punkten läge. Die Zuordnung der erreichten Punkte zu einer Note erfolgt bei der sozialen Norm also erst nach der Korrektur aller Arbeiten.

Die individuelle Norm

Bei der individuellen Norm ist der Vergleich zu den Leistungen der Mitschülerinnen und Mitschüler ohne Belang. Die individuelle Leistungsentwicklung einer Schülerin oder eines Schülers wird zur Grundlage der Beurteilung gemacht. Hat Schülerin A in der vorausgegangenen, vergleichbaren Mathematikprüfung nur 15 Punkte erreicht, dann sind ihre jetzt erreichten 30 Punkte als Fortschritt und als «gut» oder «sehr gut» zu bewerten.

Die kriteriumsorientierte Norm

Bei dieser Norm wird die Leistung in Verbindung zu den vorher festgelegten Erfolgskriterien gemessen. Bereits bei der Ausarbeitung der Prüfung wird also festgelegt, für welche Punktezahl welche Note gegeben wird. Die Berechnung der Note erfolgt in diesem Zusammenhang häufig mithilfe einer Tabelle oder einer Formel. Hätten Sie etwa in unserem Beispiel vorher festgelegt, dass von den maximal 70 erreichbaren Punkten mindestens 60 Prozent erreicht werden müssen, um die Prüfung zu bestehen, so wäre die Leistung von Schüler A ungenügend.

Sind die Noten einmal festgelegt, planen Sie die Rückgabe der Prüfungen und die Weiterführung des Unterrichts. Bei der Rückgabe geben Sie den Sockelwert bekannt, informieren über die Punktevergabe und fordern die Schülerinnen und Schüler auf, ihre Prüfung durchzulesen und sich bei Unklarheiten zu melden. Achten Sie dabei auf eine sachliche Gesprächsatmosphäre. Ungereimtheiten wie einfache Rechenfehler lassen sich gleich beseitigen. Treten bei einer Aufgabe gehäuft Reklamationen auf, so ist es ratsam, sich vom Handlungsdruck zu befreien und die Arbeiten in aller Ruhe nochmals zu überprüfen. Sie haben in einem solchen Fall auch die Möglichkeit, zusammen mit der Klasse die Aufgaben zu besprechen und Ihre eigenen Lösungen mit denen der Lernenden zu vergleichen.

Die Selbstbeurteilung

Bei der Selbstbeurteilung geht es um die Fähigkeit der Lernenden, den eigenen Lernprozess und das Lernergebnis zu bewerten. Schülerinnen und Schüler, die ihre eigenen Leistungen annähernd realistisch einschätzen können, verfügen über eine solide Basis für weiterführende Lernprozesse. Sie sind in der Lage, ihr Lernen selbst zu regulieren und die Lernmotivation aufrechtzuerhalten. Eine Selbstbeurteilung kann neben der inhaltlichen Ebene auch das Sozial-, Lern- und Arbeitsverhalten umfassen.

Zu Beginn der Ausbildungszeit bildet die Fremdbeurteilung durch die Lehrkraft den Ausgangspunkt für die Selbstbeurteilung der Schülerinnen und Schüler. Die Rückmeldungen ermöglichen es ihnen, die eigene Lernleistung und das Arbeitsverhalten kritisch zu hinterfragen und Schlussfolgerungen daraus abzuleiten. Ohne die Hilfe einer vertrauten Lehrkraft kann der Schüler oder die Schülerin oft kaum erkennen, ob das erarbeitete Wissen richtig und vollständig ist. Im Laufe der Ausbildung kann die Lehrkraft die Schüler und Schülerinnen dazu anregen, ihr Lernen selbst zu beobachten und ihre Resultate zu bewerten. Zum Beispiel könnten die Schülerinnen und Schüler ihre Beobachtungen in einem Lernjournal festhalten (→ Kapitel 7, Abschnitt *Erfolgskontrollen*). Meistens werden Fragen vorgegeben, die die Beobachtungen in eine bestimmte Richtung lenken, beispielsweise:

- *Lernzuwachs*
  Was kann ich jetzt mehr oder besser?
- *Lernerfolg*
  Was gelang mir gut?
- *Lernprobleme*
  Wo hatte ich Schwierigkeiten?
- *Lernklima*
  Was gefiel mir, was nicht?
- *Lernhilfen*
  Was half mir beim Lernen, was nicht?

Die Lehrkraft gibt den Schülern und Schülerinnen zu ihren Ausführungen Rückmeldungen in mündlicher oder schriftlicher Form. Individuelles Feedback wirkt sich motivierend auf den weiteren Lernprozess aus und stärkt das Vertrauensverhältnis zwischen den Lernenden und der Lehrkraft.

Ein weiteres mögliches Verfahren zur Selbstbeurteilung sind Beobachtungsbogen. Hier stufen die Lernenden auf Skalen ein, wie sie ihr Arbeits- und Lernverhalten beurteilen. Eine genaue Umschreibung der Beobachtungspunkte ist hierbei unerlässlich. Für die Umsetzung im Unterricht ist es entscheidend, dass den Schülern und Schülerinnen die Kriterien vertraut sind. Spannend ist eine Gegenüberstellung von Fremd- und Selbstbeurteilung. Das Gespräch über Gemeinsamkeiten und Unterschiede in der Fremd- und Selbstbeurteilung ermöglicht den Lernenden und der Lehrkraft wertvolle Erkenntnisse für den weiteren Unterricht und fördert neben der Transparenz auch das Lernklima. Viele nützliche Beobachtungsbogen finden sich in Paradies, Linser und Greving (2019).

Interdisziplinäre Projektarbeiten und andere erweiterte Prüfungsformen

Bei vielen Ausbildungsgängen in der Sekundarstufe I und II und der Tertiärstufe ist eine Abschlussarbeit Teil des Qualifizierungsverfahrens. Für diese Arbeit stehen den Lernenden mehrere Schultage oder Unterrichtslektionen zur Verfügung. Die Schülerinnen und Schüler schreiben eine Arbeit, bei der sie das Thema selbstständig wählen, Ziele formulieren, Material sammeln und ihren Lernprozess dokumentieren. Abschließend präsentieren sie ihr Ergebnis. Die Lehrkraft setzt die Rahmenbedingungen aufgrund der Ausbildungsordnungen oder Weisungen und begleitet die Lernenden durch die verschiedenen Arbeitsphasen. Am Schluss benotet sie die Arbeit. Die Interdisziplinarität des Themas, das eigenständige Sammeln und Verarbeiten von Materialien, das Präsentieren und das bewusste Reflektieren des Arbeitsprozesses sind mögliche Beurteilungskriterien.

Die einzelnen Phasen, die die Schülerinnen und Schüler durchlaufen, sind bei allen erweiterten Prüfungsformen (Projekt, Themenmappe, Portfolio, Fallstudie usw.) nahezu identisch (→ Abbildung 10):

```
Problemstellung:
real, offen und komplex
        ↓
Zielvereinbarung und
Gruppenbildung
        ↓
Konkrete Umsetzung in Gruppen,
Begleitung durch Lehrpersonen
        ↓
Produkt erstellen
Lernjournal führen
Präsentation der Arbeit vorbereiten
Selbstevaluation in der Gruppe durchführen
        ↓
Produkt abgeben
Arbeit präsentieren
Fragen zur Arbeit in Form eines Prüfungs-
gesprächs beantworten
```

Abbildung 10: Phasen bei erweiterten Prüfungsformen

Bei den erweiterten Prüfungsformen wird nicht nur das Produkt in Form einer Dokumentation beurteilt, sondern auch der Lern*prozess*. Hier können Bereiche wie die Planung der Arbeit, die Informationsbeschaffung und -verarbeitung sowie die Zusammenarbeit in die Beurteilung miteinbezogen werden. Aus diesem Grund werden erweiterte Prüfungsformen häufig als *prozessorientierte* Prüfungen bezeichnet. Die Beurteilung des Produkts erfolgt meist mithilfe eines Beurteilungsbogens, die Bewertung des Prozesses in Form eines Gesprächs, das sich auf die Beobachtungen der Lehrkraft hinsichtlich des Arbeits- und Lernverhaltens der Schülerin oder des Schülers in der Umsetzungsphase stützt. Es können zudem Einträge aus dem Lernjournal oder dem Kommentar thematisiert und geklärt werden. Für die Beurteilung des Prozesses und des Produkts ist es zentral, die Beurteilungskriterien zuvor im Unterricht genau zu definieren (Jürgens & Lissmann 2015) und mit den Schülerinnen und Schülern zu besprechen.

> **Arbeiten mit Portfolio** – ein konkretes Beispiel aus der Grundbildung:
> Das Portfolio ist eine Art «Präsentationsmappe», die Einsicht in die Bemühungen, Leistungen und Lernfortschritte im Bereich «Gestaltung» bei Polygrafen gibt. Die Zielsetzung kann wie folgt umschrieben werden:
>
> *Das Portfolio*
> - stellt individuelle Schwerpunkte in der Ausbildung im Bereich Gestaltung von Büchern, Zeitschriften, Zeitungen, Flyern, Homepages und so weiter vor,
> - vermittelt einen Überblick über den Kompetenzzuwachs im Laufe der Ausbildung,
> - bietet Möglichkeiten der Selbstkontrolle und der Selbstbewertung,
> - eignet sich gut, die eigenen Arbeiten zu präsentieren.
>
> Der Inhalt des Portfolios setzt sich aus Arbeiten zusammen, die im Verlauf der Ausbildung entstanden sind. Dies sind je drei Umsetzungsarbeiten pro Schuljahr aus dem Unterricht und aus der betrieblichen Praxis. Als Einführung in das Portfolio dient ein Kommentar (Umfang: fünf bis sieben Seiten); darin wird zu folgenden Punkten Stellung genommen:
> 1. Begründung der getroffenen Auswahl der Arbeiten,
> 2. Bilanzierung des Lernprozesses, in dem der persönliche Lernerfolg eingeschätzt wird.
>
> *Beurteilungskriterien*
> - Aussagekraft des Kommentars,
> - Entwicklungsverlauf der Gestaltungsqualität über die gesamte Ausbildung hinweg,
> - Niveau der Arbeiten am Ende der Ausbildung (nach vorgegebenem Beurteilungsraster).

Ein Portfolio vermag Leistungen und Fähigkeiten der Schülerinnen und Schüler hervorzuheben, die im traditionellen Unterricht häufig unbeachtet bleiben, wie die Reflexion des eigenen Lernprozesses und die Entwicklung von persönlichen Lernstilen und -strategien. Das Portfolio hilft zudem, einen roten Faden durch ein Schul- oder Studienjahr zu ziehen, die Unübersichtlichkeit des schulischen Alltags zu überwinden und die individuelle Entwicklung und individuelle Stärken zu honorieren (Bohl 2009). Prozessorientierte Prüfungsformen setzen einen Unterricht voraus, in dem ganzheitlich, fächerübergreifend und meistens auch projektorientiert gearbeitet wird. In einem solchen Unterricht wird inhaltliches und strategisches Wissen erarbeitet und umgesetzt. Wir verweisen hier auf die Ausführungen in → Kapitel 2, die zeigen, wie kognitive Lernziele mit Kompetenzen in Verbindung gebracht werden können. → Instrument 2.6 enthält eine Auflistung von Kompetenzen, die im Verlauf der Ausbildung gefördert werden können. → Instrument 7.5 gibt ferner Hinweise, wie im Unterricht Kompetenzen mit spezifischen Lernstrategien gefördert werden können.

Instrumente – Anregungen zu den Zusatzmaterialien

Die Zusatzmaterialien können über mehr.hep-verlag.com/unterrichten heruntergeladen werden.

8.1 Prüfungsaufgaben formulieren

Wir zeigen, wie gute Prüfungsfragen formuliert werden, und gehen dabei auf die Aspekte Verständlichkeit, Hinführen, den formalen Aufbau der Aufgabe und den Bewertungsmaßstab ein. Es folgt eine Liste von Fragen, anhand derer man die eigenen Aufgaben kritisch analysieren und die Prüfung optimieren kann.

8.2 Mündliche Prüfungen vorbereiten – Checkliste

Eine mündliche Prüfung beziehungsweise ein Prüfungsgespräch muss sorgfältig vorbereitet werden. Wir haben dazu eine Checkliste erstellt.

8.3 Mündliche Prüfungen durchführen

Viele Aspekte, die in diesem Kapitel im Hinblick auf schriftliche Prüfungen behandelt werden, gelten auch für mündliche Prüfungen. Für das Prüfungsgespräch haben wir einen Leitfaden in acht Schritten entwickelt.

8.4 Eine Kriterienliste erstellen

Zur Beurteilung einer Projektarbeit oder eines Portfolios benötigt man eine Kriterienliste. Wie wird eine solche Liste erstellt? Wie werden die Kriterien ausgewählt? Dazu ein paar Hintergrundinformationen und ein Vorschlag für ein Vorgehen in fünf Schritten.

8.5 Eine Themenmappe erstellen

Wir zeigen, was eine Themenmappe ist, wie sie aufgebaut werden kann und welche Kriterien für deren Beurteilung hinzugezogen werden können.

8.6 Instrumente zur Selbstbeurteilung einsetzen

Durch eine Selbstbeurteilung werden die Schülerinnen und Schüler angehalten, ihre Arbeit und ihr Verhalten sowohl mit den vorgegebenen als auch mit den selbst formulierten Zielen oder Erwartungen zu vergleichen. Wir stellen ein in der Sekundarstufe II erprobtes Instrument vor.

8.7 Eine interdisziplinäre Projektarbeit durchführen und beurteilen

Bei einer interdisziplinären Projektarbeit wird nicht nur das Produkt, sondern auch der Prozess in die Beurteilung miteinbezogen. Wir haben ein dreiphasiges Ablaufmodell entwickelt, das zeigt, wie eine interdisziplinäre Projektarbeit konkret durchgeführt und beurteilt werden kann.

ANHANG

Anhang

Verzeichnis der Abbildungen

Abbildung 1: Zielebenen	19
Abbildung 2: Didaktische Rekonstruktion (nach Duit 2004, S. 4)	34
Abbildung 3: Basisstruktur und Unterrichtsverlauf (siehe auch Tabelle 5)	47
Abbildung 4: Methodenlandkarte	53
Abbildung 5: Beispiel aus dem Methodenpool der Universität Köln	54
Abbildung 6: Übersicht Unterrichtsmedien	58
Abbildung 7: Stellenwert des Vorwissens für den weiteren Unterrichtsverlauf	67
Abbildung 8: Unterstützung durch die Lehrkraft	71
Abbildung 9: Anforderungen an Prüfungen	79
Abbildung 10: Phasen bei erweiterten Prüfungsformen	89

Verzeichnis der Tabellen

Tabelle 1: Stärken und Schwächen der Operationalisierung	22
Tabelle 2: Taxonomie von Bloom nach Anderson und Krathwohl (2001, S. 67 f.)	23
Tabelle 3: Vor- und Nachteile der Taxonomie von Bloom	24
Tabelle 4: Revidierte Taxonomie von Bloom nach Anderson und Krathwohl (2001)	25
Tabelle 5: Basisstruktur und Unterrichtsverlauf	46
Tabelle 6: AVIVA-Lernphasen	48
Tabelle 7: Die wichtigsten Unterrichtsmedien (nach Weiß 2018, S. 105 f.)	62
Tabelle 8: Beispiel eines gut aufgebauten Arbeitsauftrags	68
Tabelle 9: Allgemeindidaktisches Kategoriensystem zur Analyse des kognitiven Potenzials von Aufgaben (Maier, Kleinknecht, Metz & Bohl 2010, S. 90)	69
Tabelle 10: Gegenüberstellung Erfolgskontrollen – Prüfungen	78
Tabelle 11: Anspruchsniveau von Prüfungsaufgaben	84

Literaturverzeichnis

Anderson, Lorin W. & Krathwohl, David R. (2001). A Taxonomy for Learning, Teaching and Assessing: A Revision of Bloom's Taxonomy of Educational Objectives. New York: Addison Wesley Longman.

Arnold, Patricia, Kilian, Lars, Thillosen, Anne & Zimmer, Gerhard (2018): Handbuch E-Learning. Bielefeld: Bertelsmann (utb).

Augsburger, Christa, Caduff, Claudio & Plüss, Daniela (2018). Prüfen an höheren Fachschulen. Eine Fallstudie. Bern: hep.

Becker, Georg E. (2011a). Unterricht planen. Handlungsorientierte Didaktik, Teil I (10. Auflage). Weinheim: Beltz.

Becker, Georg E. (2011b). Unterricht durchführen. Handlungsorientierte Didaktik, Teil II (10. Auflage). Weinheim: Beltz.

Becker, Georg E. (2007). Unterricht auswerten und beurteilen. Handlungsorientierte Didaktik, Teil III (Sonderausgabe). Weinheim: Beltz.

Bohl, Thorsten (2009). Prüfen und Bewerten im Offenen Unterricht (4. Auflage). Weinheim: Beltz.

Brohm, Michaela (2016). Positive Psychologie in Bildungseinrichtungen. Konzepte und Strategien für Fach- und Führungskräfte. Wiesbaden: Springer.

Buck, Günther (1967). Lernen und Erfahrung. Zum Begriff der didaktischen Erfahrung. Stuttgart: Kohlhammer.

Burchardt, Mathias (2016). Selbstgesteuertes Lernen – Roboter im Klassenzimmer. In: Zierer, Klaus, Kahlert, Joachim & Burchardt, Matthias (Hrsg.). Die pädagogische Mitte. Plädoyers für Vernunft und Augenmaß in der Bildung (S. 121–133). Bad Heilbrunn: Klinkhardt.

Caduff, Claudio (2018). Interdisziplinäres Arbeiten an der Berufsmaturitätsschule Winterthur. Pädagogische Hochschule Zürich. https://doi.org/10.5281/zenodo.1298940.

Caduff, Claudio (2023). Lehrpersonenethos. Professionsbewusstsein und berufsethische Kompetenzen. Bern: hep.

Caduff, Claudio, Pfiffner, Manfred & Bürgi, Veronika (2018). Lernen. Bern: hep.

Chaves, Covadonga (2021). Wellbeing and Flourishing. In: Kern, M. & Wehmeyer, M. (Hrsg.). The Palgrave Handbook für Positive Education. Cham: Springer Nature Switzerland.

Drollinger-Vetter, Barbara (2011). Verstehenselemente und strukturelle Klarheit – Fachdidaktische Qualität der Anleitung von mathematischen Verstehensprozessen im Unterricht. Münster: Waxmann.

Dubs, Rolf (2009). Lehrerverhalten. Ein Beitrag zur Interaktion von Lehrenden und Lernenden im Unterricht (2. Auflage). Zürich: SKV

Duit, Reinders (2004). Didaktische Rekonstruktion. In: Piko-Brief, Nr. 2., S. 4.

Elsässer, Traugott (2000). Choreografien unterrichtlichen Lernens als Konzeptionsansatz für eine Berufsfelddidaktik. Hrsg. vom Schweizerischen Institut für Berufspädagogik (SIBP). Zollikofen: SIBP (Schriftenreihe des SIBP, Nr. 10).

Erziehungsdirektoren (EDK). Diskussionsgrundlage. Bern: Generalsekretariat EDK.

Fredrickson, Barbara (2011). Die Macht der guten Gefühle. Wie eine positive Haltung ihr Leben dauerhaft verändert. Frankfurt: Campus.

Gage, Nathaniel L. & Berliner, David C. (1996). Pädagogische Psychologie (5., vollständig überarbeitete Auflage). Weinheim: Beltz PVU.

Gerick, Julia, Sommer, Angela & Zimmermann, Germo (Hrsg.) (2018). Kompetent Prüfungen gestalten. München: Waxmann (utb).

Gudjons, Herbert (2021). Frontalunterricht – neu entdeckt. Integration in offene Unterrichtsformen (4., überarbeitete Auflage). Bad Heilbrunn: Klinkhardt.

Gugel, Günther (2021). 2000 Methoden für Schule und Lehrerbildung. Weinheim: Beltz.

Hattie, John & Zierer, Klaus (2019). Kenne deinen Einfluss. «Visible Learning» für die Unterrichtspraxis (4. Auflage). Hohengehren: Schneider Verlag.

Helmke, Andreas (2012). Unterrichtsqualität und Lehrerprofessionalität: Diagnose, Evaluation und Verbesserung des Unterrichts. Seelze: Kallmeyer.

Hintz, Dieter, Pöppel, Karl Gerhard & Rekus, Jürgen (2001). Neues schulpädagogisches Wörterbuch (3. Auflage). Weinheim: Juventa.

Jank, Werner & Meyer, Hilbert (2021). Didaktische Modelle (14. Auflage). Berlin: Cornelsen Scriptor.

Jürgens, Eiko & Lissmann, Urban (2015). Pädagogische Diagnostik. Grundlagen und Methoden der Leistungsbeurteilung in der Schule. Weinheim: Beltz.

Kattmann, Ulrich, Duit, Reinders, Gropengiesser, Harald & Komorek, Michael (1997). Das Modell der didaktischen Rekonstruktion – Ein Rahmen für naturwissenschaftsdidaktische Forschung und Entwicklung. Zeitschrift für Didaktik der Naturwissenschaften, 3(3), 3–18.

Kiel, Ewald, Haag, Ludwig, Keller-Schneider, Manuela & Zierer, Klaus (2014). Grundwissen Lehrerbildung. Unterricht planen, durchführen, reflektieren. Berlin: Cornelsen.

Klafki, Wolfgang (2007). Neue Studien zur Bildungstheorie und Didaktik. Zeitgemäße Allgemeinbildung und kritisch-konstruktive Didaktik (6. Auflage). Weinheim: Beltz.

Koch, Lutz (2015). Lehren und Lernen. Wege zum Wissen. Paderborn: Ferdinand Schöningh.

Lehner, Martin (2020). Viel Stoff – wenig Zeit. Wege aus der Vollständigkeitsfalle (5. Auflage). Haupt: Bern.

Lehner, Martin (2022). Mini-Aufgaben. Denkprozesse anregen und Neugier wecken. Haupt: Bern (utb).

Lipowsky, Frank (2009). Unterricht. In: Wild, Elke & Möller, Jens (Hrsg.). Pädagogische Psychologie. Berlin: Springer.

Lüders, Maren-Kristina (2018). Berufliche Handlungskompetenz von Lehrerinnen und Lehrern. Personale Kompetenzen als Ressourcen im Schulalltag. Weinheim: Beltz.

Maier, Uwe (2012). Lehr-Lernprozesse in der Schule: Studium. Bad Heilbrunn: Klinkhardt (utb).

Maier, Uwe, Kleinknecht, Marc, Metz, Kerstin & Bohl, Uwe (2010). Ein allgemeindidaktisches Kategoriensystem zur Analyse des kognitiven Potenzials von Aufgaben. Beiträge zur Lehrerinnen- und Lehrerbildung, 28 (1), 84–96.

Meyer, Hilbert (2016). Was ist eine gute Lehrperson? Und was hat das mit der Schulleitung zu tun? In: Huber, Stephan G. (Hrsg.), Jahrbuch Schulleitung. Kronach/Köln: Carl Link/Wolters-Kluwer.

Meyer, Hilbert (2019). Was ist guter Unterricht (14. Auflage)? Berlin: Cornelsen.

Meyer, Hilbert & Junghans, Carola (2021). Unterrichtsmethoden. Teil II: Praxisband (17., komplett überarbeitete Neuauflage). Berlin: Cornelsen.

Meyer, Hilbert & Junghans, Carola (2022). Unterrichtsmethoden I – Theorieband (20., komplett überarbeitete Neuauflage). Berlin: Cornelsen.

Oser, Fritz K. & Baeriswyl, Franz J. (2001). Choreographies of Teaching: Bridging Instruction to Learning. In: Richardson, Virginia (Hrsg.). Handbook of Research on Teaching (4. Auflage) (S. 1031–1065). Washington: American Educational Research Association.

Paradies, Liane, Linser, Hansjürgen & Greving, Johannes (2019). Diagnostizieren, Fordern und Fördern (6. Auflage). Berlin: Cornelsen Scriptor.

Pfiffner, Manfred, Sterel, Saskia & Hassler, Dominic (2021). 4K und digitale Kompetenzen – Chancen und Herausforderungen. Bern: hep.

Reinmann-Rothmeier, Gabi & Mandl, Heinz (2006). Unterricht und Lernumgebungen gestalten. In: Krapp, Andreas & Weidenmann, Bernd (Hrsg.). Pädagogische Psychologie (5. Auflage). Weinheim: Beltz PVU.

Sacher, Werner (2014). Leistungen entwickeln, überprüfen und beurteilen. Bewährte und neue Wege für die Primar- und Sekundarstufe (6. Auflage). Bad Heilbrunn: Klinkhardt.

Schratz, Michael, Schrittesser, Ilse, Forthuber, Peter, Pahr, Gerhard, Paseka, Angelika & Seel, Andrea (2008). Domänen von Lehrer/innen/professionalität: Rahmen einer kompetenzorientierten Lehrer/innen/bildung. In Kraler, Christian & Schratz, Michael (Hrsg.). Wissen erwerben, Kompetenzen entwickeln. Modelle zur kompetenzorientierten Lehrerbildung (S. 123–138). Münster: Waxmann.

Städeli, Christoph (2023). Einführung in die positive Bildung. Bern: hep.

Städeli, Christoph, Grassi, Andreas, Rhiner, Katy & Obrist, Willy (2010). Kompetenzorientiert unterrichten – das AVIVA-Modell. Fünf Phasen guten Unterrichts. Bern: hep.

Städeli, Christoph, Maurer, Markus (2020). The AVIVA model. A competence-oriented approach to teaching and learning. Bern: hep.

Städeli, Christoph, Maurer, Markus, Caduff, Claudio & Pfiffner, Manfred (2024). Das AVIVA-Modell. Kompetenzorientiert unterrichten und prüfen (2. Auflage, im Druck). Bern: hep.

Städeli, Christoph & Pfiffner, Manfred (2018). Prüfen. Was es zu beachten gilt. Kerngeschäft Unterricht, Band 1. Bern: hep.

Städeli, Christoph, Pfiffner, Manfred, Sterel, Saskia & Caduff, Claudio (2019). Klassen führen. Unterrichten mit Freude, Struktur und Gelassenheit. Bern: hep.

Städeli, Christoph, Venutti, Dario, Rossetti, Daniela & Caduff, Claudio (2022). Didaktik für den Unterrichtsalltag. Ein Praxisbuch für den Berufseinstieg (2., vollständig überarbeitete Auflage). Bern: hep.

Steiner, Gerhard (2007). Der Kick zum effizienten Lernen. Erfolgreich und nachhaltig ausbilden dank lernpsychologischer Kompetenz – vermittelt an 30 Beispielen. In Zusammenarbeit mit Heidi Steiner und 29 Expertinnen und Experten aus der Berufsbildung. Bern: hep (Berufsbildungsforschung Schweiz, Band 6).

Tausch, Reinhard & Tausch, Anne-Marie (1998). Erziehungspsychologie. Begegnung von Person zu Person (11. Auflage). Göttingen: Hogrefe.

Tomasello, Michael (1999). Die kulturelle Entwicklung des menschlichen Denkens. Frankfurt a.M.: Suhrkamp.

Tulodziecki, Gerhard (2011). Medien im Unterricht. In: Kiel, Ewald & Zierer, Klaus (Hrsg.). Basiswissen Unterrichtsgestaltung. Band 2: Unterrichtsgestaltung als Gegenstand der Wissenschaft (S. 199-212). Baltmannsweiler: Schneider Verlag.

Türcke, Christoph (2016). Lehrerdämmerung. Was die neue Lernkultur in den Schulen anrichtet. München: C.H. Beck.

Wahl, Diethelm (2006). Lernumgebungen erfolgreich gestalten. Vom trägen Wissen zum kompetenten Handeln (2. Auflage). Bad Heilbrunn: Klinkhardt.

Walzik, Sebastian (2012). Kompetenzorientiert prüfen. Opladen: Verlag Barbara Budrich (utb).

Weiß, Sabine (2018). Veranschaulichung. In: Kiel, Ewald (Hrsg.). Unterricht sehen, analysieren, gestalten (S. 93–117). Bad Heilbrunn: Klinkhardt.

Weißeno, Georg, Detjen, Joachim, Juchler, Ingo, Massing, Peter & Richter, Dagmar (2010). Konzepte der Politik. Ein Kompetenzmodell. Schwalbach/Ts.: Wochenschau Verlag.

Zierer, Klaus (2020). Lernen 4.0 – Pädagogik vor Technik. Möglichkeiten und Grenzen der Digitalisierung im Bildungsbereich (3. Auflage). Baltmannsweiler: Schneider Hohengehren.

Zierer, Klaus (2022). Kernbotschaften aus John Hatties «Visible Learning» (4. Auflage). St. Augustin/Berlin: Konrad-Adenauer-Stiftung.

Zumbach, Jörg (2010). Lernen mit neuen Medien, Instruktionspsychologische Grundlagen. Stuttgart: Kohlhammer.

Verzeichnis der Internet-Materialien

Die Zusatzmaterialien können über mehr.hep-verlag.com/unterrichten heruntergeladen werden.

1 Die Ausgangslage analysieren
1.1 Kollegiales Feedback durchführen
1.2 Mentoring planen
1.3 Sich Namen besser merken
1.4 Einen Informationsabend durchführen
1.5 Erkundungen durchführen
1.6 Schülerrückmeldungen sammeln
1.7 Positive Emotionen wahrnehmen können
1.8 Die Lehrkraft im Spannungsfeld zwischen Schul- und Unterrichtsentwicklung

2 Kompetenzen festlegen und Lernziele formulieren
2.1 Lernziele formulieren – Liste von möglichen Verben
2.2 Fragebogen zu den Kompetenzen für das Schreiben einer Projektarbeit
2.3 Schülerinnen und Schüler führen eine Befragung durch
2.4 Zusammenarbeit in Gruppen – Regeln vereinbaren
2.5 Handlungsziele formulieren
2.6 Kompetenzen für die Ausbildung festlegen

3 Inhalte auswählen und strukturieren
3.1 Von den Zielen, der Sache und den Perspektiven der Lernenden zur Inhaltsstruktur für den Unterricht
3.2 Zusammenarbeit mit Kolleginnen und Kollegen

4 Unterrichtskonzeption wählen
4.1 Unterricht nach dem AVIVA-Modell planen – Zwei Beispiele

5 Methoden wählen
5.1 Das Methodenrepertoire der Lernenden erfassen
5.2 Fallstudien
5.3 Leitprogramme
5.4 Werkstattunterricht
5.5 Projektunterricht
5.6 Das Rollenspiel
5.7 Planspiele einsetzen
5.8 Gruppenunterricht – die wichtigsten Regeln

6 Medien wählen und deren Einsatz planen
6.1 Die vier Dimensionen der Verständlichkeit
6.2 Texte verstehen und schreiben leicht gemacht
6.3 Verständlich schreiben

7 Aneignungsprozesse anregen und begleiten
7.1 Differenzieren im Unterricht
7.2 Über den Unterricht sprechen
7.3 Mit Kritik umgehen können
7.4 Aus Fehlern lernen
7.5 Lernstrategien fördern – ein Modell in fünf Phasen

8 Lernkontrollen durchführen
8.1 Prüfungsaufgaben formulieren
8.2 Mündliche Prüfungen vorbereiten – Checkliste
8.3 Mündliche Prüfungen durchführen
8.4 Eine Kriterienliste erstellen
8.5 Eine Themenmappe erstellen
8.6 Instrumente zur Selbstbeurteilung einsetzen
8.7 Eine interdisziplinäre Projektarbeit durchführen und beurteilen

Register

(in Klammern: → Instrumente im Internet)

Wenn Sie das Buch – inklusive Instrumente im Internet – gut durchgearbeitet haben, können Sie die folgenden Begriffe, Konzepte und Methoden erläutern und mit Beispielen veranschaulichen:

Aneignungsprozesse 42, 66
Anspruchsniveau 18, 22, 82 ff.
Arbeitsaufträge 60, 66 ff., 82
Arbeitsjournal 75
Auswendiglernen 73
AVIVA-Modell 47 ff., 54 (4.1)

Basisstruktur des
Unterrichts 45 ff., 52
Begriffliches Wissen 25, 28
Bezugsnormen 86
Bildung 32
Bildungsstandards
(Bildungsziele) 18 f.

Chancengerechtigkeit 79, 80
Choreografien des
unterrichtlichen Handelns 45 ff.

Deduktives Vorgehen 37
Didaktische Rekonstruktion 32 ff. (3.1)
Differenzieren im
Unterricht 12, 72 (7.1)
Direct Instruction 42

E-Learning 43
Erfolgskontrollen 67, 73 f., 78

Fallstudien 26, 37, 44, 53, 83, 88 (5.2)
Faktenwissen 25, 28
Fehlerkultur (7.4)
Festigen 67, 72 f.

Gruppenunterricht (2.4, 5.8)
Gültigkeit 79
Gütekriterien von
Prüfungen 79

Handlungsorientierter
Unterricht 43, 45, 52 f.
Handlungsziele 18, 20 f. (2.5)

Induktives Vorgehen 36
Inhaltsstruktur 33 f., 36, 71 (3.1)
Instruktion 42, 44, 52 f.
Intra- und Inter-
disziplinarität 38 f., 43, 87 (8.7)

Kognitives Potenzial von
Aufgaben/Aufträgen 69 f.
Kollegiales Feedback 14 (1.1)
Kompetenzen 18 ff., 26 ff., 43 (2.2, 2.6)
Konstruktion 42, 44 f., 52 f.

Lehrmittel 37 f., 58
Lehrqualität (1.8)
Leitprogramme 53 (5.3)
Leistungsbeurteilung 78
Lernen 9
Lernhilfen, minimale 71
Lerninhalte 32 f., 37
Lernjournal 74 f., 87, 89
Lernkontrollen 78 ff.
Lernmedien 12, 37 f., 58 f., 61
Lernschritte 18 f., 21

Lernvoraussetzungen   12, 13, 37, 72
Lernziele   18 f., 20 ff., 26 ff. (2.1)
Lernzielorientierter Unterricht
(Direct Instruction,
Frontalunterricht)   42, 45
Lernzieltaxonomie nach Bloom   23 f.

Metakognitives Wissen   26, 28
Methoden   52 ff. (5.1)
Mentoring   14 (1.2)

Oberflächenstruktur   52
Ökonomie   79 f., 82, 84
Operationalisierung
von Lernzielen   22

Planspiele   37, 53 (5.7)
Portfolio   88 ff.
Positive Emotionen   16 (1.7)
Projektunterricht   20 (5.5)
Prozessorientiertes Prüfen   89 f.
Prüfungsformen   80 f., 88 ff.

Rahmenbedingungen des
Unterrichts   12 f., 14, 45, 87
Rückmeldung zum Lernfortschritt 73 f.

Schülerrückmeldungen   (1.6)
Selbstbeurteilung   87 f. (8.6)

Themenmappe   88 (8.5)
Tiefenstruktur   52

Üben   27, 48, 72 f.
Unterrichtskonzeption   42 ff.
Unterrichtsmedien   38, 58 ff.

Veranschaulichung   61 f.
Verfahrensorientiertes Wissen   25
Verständlichkeit, vier
Dimensionen   60 (6.1)
Verstehenselemente   35 f.
Vorwissen   34, 37, 44, 47 f., 65 f., 71

Werkstattunterricht   53 (5.4)
Wiederholen   72 f.
Wissensdimensionen   25

Zielebenen   18 f.
Zuverlässigkeit   78

Die Autoren

Christoph Städeli, Prof. Dr. phil., ist Leiter der Abteilung Sekundarstufe II/Berufsbildung an der Pädagogischen Hochschule in Zürich und dort Dozent für Didaktik. Der Erziehungswissenschaftler hat mehrjährige Unterrichtserfahrung. Er ist ausgebildeter Primar- und Berufsschullehrer. Sein Anliegen ist die kompetente Umsetzung der Theorie in die Unterrichts- und Schulpraxis.

Claudio Caduff, Prof. Dr., war Inhaber einer Professur «Berufspädagogik» an der Pädagogischen Hochschule Zürich und wirkte dort als Dozent für Fachdidaktik in der Ausbildung von Berufsfachschullehrpersonen allgemeinbildender Richtung und in der Berufsmaturität. Er verfügt über jahrelange Unterrichtserfahrung an Berufsfachschulen.

Die Reihe «Kerngeschäft Unterricht»

Die Reihe «Kerngeschäft Unterricht» richtet das Augenmerk auf den eigentlichen Zweck der Schule – den real stattfindenden Unterricht!
Die drei Bände greifen zentrale Fragen auf, mit denen jede Lehrkraft in der Praxis konfrontiert ist, und geben klare und professionelle Antworten. Sie richten sich an angehende Lehrerinnen und Lehrer, sind aber auch Pflichtlektüre für «gestandene» Lehrkräfte, die ihre Vorstellung von gutem Unterricht weiterentwickeln möchten.

Band 1: UNTERRICHTEN – Ein Leitfaden für die Praxis
Christoph Städeli, Claudio Caduff

Der erste Band der Reihe konzentriert sich auf das Wesentliche – er bietet einen Überblick über Kernelemente der Unterrichtsvorbereitung und -durchführung. Mit konkreten Vorschlägen und hilfreichen Instrumenten liefert das Buch zahlreiche Tipps für angehende wie auch erfahrene Lehrkräfte.

Band 2: KLASSEN FÜHREN – Mit Freude, Struktur und Gelassenheit
Christoph Städeli, Manfred Pfiffner, Saskia Sterel, Claudio Caduff

Freude, Struktur und Gelassenheit sind Grundpfeiler guten Unterrichts. Band 2 zeigt auf, wie Lehrkräfte anhand dieser drei Prinzipien das Interesse der Schülerinnen und Schüler auf den Unterricht lenken und lernwirksame Verhaltensweisen unterstützen können. So tragen sie dazu bei, dass sich die Lernenden motiviert mit den Inhalten des Unterrichts auseinandersetzen.

Band 3: PRÜFEN – Was es zu beachten gilt
Christoph Städeli, Manfred Pfiffner

Gutes und faires Prüfen gehört zu den wichtigsten Kompetenzen einer Lehrkraft, eines Dozenten oder einer Ausbildnerin und ist immer eine Herausforderung. Band 3 unterstützt Unterrichtende aller Bildungsstufen bei der Planung und Entwicklung von geeigneten Prüfungen. Durch die hilfreichen Tipps aus Praxis, Theorie und Forschung wird gutes und faires Prüfen zur Paradedisziplin.